Cole · Kommunikation klipp und klar

Konzept und Beratung der Reihe Beltz Weiterbildung:

Prof. Dr. *Karlheinz Geißler*, Schlechinger Weg 13, D-81669 München.
Prof. Dr. *Bernd Weidenmann*, Weidmoosweg 5, D-83626 Valley.

Kris Cole

Kommunikation klipp und klar

Besser verstehen und verstanden werden

Aus dem Englischen von Walter H. Nilson,
bearbeitet von Ingeborg Strobel

Beltz Verlag · Weinheim und Basel

Über die Autorin:

Kris Cole ist Geschäftsführerin von Bax Associates Pty Ltd, eine Unternehmensberatungsfirma mit Sitz in Adelaide, die darauf spezialisiert ist, Trainingsprogramme für Manager und Belegschaften anzubieten. Kris Cole ist eine der führenden Trainingsberaterinnen in Australien. Sie studierte sowohl Erwachsenenpädagogik als auch Fertigungstechnologie und ist Coautorin von verschiedenen Büchern.

Titel der Originalausgabe: Crystal Clear Communication.
Skills for Understanding and Being Understood.
© 1993 by Prentice Hall of Australia Pty Ltd.

Lektorat: Ingeborg Strobel

© 1996 Beltz Verlag · Weinheim und Basel
Herstellung: Klaus Kaltenberg
Satz: Satz- und Reprotechnik GmbH, Hemsbach
Druck: Druckhaus Beltz, Hemsbach
Umschlaggestaltung: Bernhard Zerwann, Bad Dürkheim
Printed in Germany

ISBN 3-407-36324-9

Inhaltsverzeichnis

Dritter Teil
Gute Informationen empfangen
Die Perspektive des anderen entdecken

Vierter Teil
Achten Sie auf die Körpersprache!
Besser kommunizieren durch die Beherrschung der Körpersprache

Fünfter Teil
Sich schriftlich ausdrücken
Geben Sie Ihren Texten Deutlichkeit und Überzeugungskraft

Vorwort

Wir leben in einer Zeit großer gesellschaftlicher Veränderungen. Viele davon sind durch einen bisher unvorstellbaren Zugang zu Informationen verursacht. Bekanntlich bedeutet Wissen auch Macht. Für uns ergibt sich daraus die wichtige Frage, wie wir diese Informationen effektiv und mit Gewinn für uns sammeln und verarbeiten können.

Wir können unser Wissen durch Kommunikation mit anderen erweitern. Dazu brauchen wir allerdings Fähigkeiten, die wir zu Hause und in der Schule nicht unbedingt mitbekommen haben.

Informationen optimal mitteilen, austauschen und auswerten bildet die Grundlage für die menschliche Kommunikation. In diesem Buch schildert Kris Cole das ganze Spektrum der relevanten Theorien und Konzepte auf »kristallklare« Weise. Der hervorragende Stil, die ausgezeichnete Präsentation sowie die witzigen Illustrationen sind eine Freude für die Leser.

Ich gratuliere der Autorin zur Veröffentlichung des Buches, das im Zeitalter der Informationsflut und der Kommunikationsarmut als wichtiges Werkzeug dienen kann.

Warren Mills
Organisation Development Manager
Beaurepaires

Einführung

Kommunikation ist in unserem Leben von zentraler Bedeutung. Ob mündlich oder schriftlich, symbolisch, nonverbal, absichtlich oder unabsichtlich, aktiv oder passiv: Kommunikation ist eine notwendige Voraussetzung für jede Aktivität.

Tatsächlich verbringen die meisten von uns zwischen 50 und 75 Prozent eines Arbeitstages mit der einen oder anderen Kommunikationsform, schriftlich, persönlich, telefonisch. Wenn wir davon ausgehen, daß 80 Prozent unserer Kommunikation mündlich erfolgt, dann ist das, was wir sagen, sowie die Art, wie wir es sagen, entscheidend für unseren Erfolg.

Nur durch Kommunikation mit anderen können wir viele unserer Ziele verwirklichen, nennenswerte Fortschritte erzielen, Erfolg mit unseren Projekten und Aufgaben erreichen.

Glücklicherweise ist wirkungsvolles Kommunizieren eine Fähigkeit, die wir trainieren können. Dies setzt systematisches Üben voraus sowie das Erlernen von bestimmten Techniken. Durch Üben werden nicht nur unsere kommunikativen Fähigkeiten, sondern auch unsere Einsichten in den Kommunikationsprozeß weiterentwickelt.

Erster Teil
Grundlagen der Kommunikation

Verständlich und verantwortlich
kommunizieren

Kapitel 1
Alles ist Kommunikation

Jeden Tag kommunizieren wir auf vielerlei Weise. Wir äußern unsere Gedanken, unsere Gefühle, unsere Wünsche. Wir lassen erkennen, ob und wie sehr wir jemanden mögen. Wir zeigen Glück, Unsicherheit, Freude, schlechte Laune. Ob einfach oder kompliziert, absichtlich oder unabsichtlich, geplant oder spontan, aktiv oder passiv: Kommunikation ist eines der Hauptmittel, mit denen wir uns durchsetzen, unsere Wünsche befriedigen und unsere Ziele verwirklichen. Kommunikation bestimmt unser tägliches Leben.

Wir kommunizieren miteinander, um ...		
Vertrauen zu gewinnen	eine Arbeit zu erledigen	Vorkehrungen zu treffen
geachtet zu werden	höflich zu sein	Hilfe zu erhalten
zu warnen	zu helfen	anzuordnen
zu lernen	herumzualbern	zu motivieren
Informationen einzuholen	uns Respekt zu verschaffen	Freundschaften zu knüpfen
zu überleben	gesellig zu sein	uns zu beschweren
etwas zu bekommen	zu beruhigen	jemanden zu täuschen
zu schummeln	etwas zu berichten	zu verhandeln
Zeit zu vertreiben	zu loben	zu begrüßen
zu unterhalten	zu verkaufen	zu beleidigen
Geld zu verdienen	Rat zu erteilen	

Beim Kommunizieren zeigt sich, was wir können und wie sicher wir in unserem Auftreten sind. Unsere Begabungen und Leistungen werden deutlich. Davon hängt auch der Respekt ab, den uns andere entgegenbringen. Unser Kommunikationsverhalten beeinflußt, ob wir im Beruf befördert werden, die nächste Gehaltserhöhung bekommen und welche Verantwortungsbereiche uns übertragen werden. Die ganze berufliche Laufbahn steht damit in engem Zusammenhang. Von unserer Fähigkeit zu kommunizieren hängt auch ab, wie gut wir mit anderen zusammenarbeiten, ob wir uns durchsetzen und unsere Vorstellungen verwirklichen können.

Warum kommunizieren wir?

Aus Untersuchungen wissen wir, daß 70 Prozent aller Fehler am Arbeitsplatz auf mangelhafte Kommunikation zurückzuführen sind. Aber Fehlervermeidung ist nur eines von vielen Motiven, weshalb Menschen miteinander reden. Die Grafik auf der vorhergehenden Seite macht deutlich, wie viele Gründe es für die menschliche Kommunikation geben kann.

Die folgende Aufstellung zeigt, welche Fehler beim Kommunizieren auftreten können:

Ursachen von Kommunikationsproblemen	
Es fehlen Informationen,	man weiß zuwenig vom Thema,
man hört nicht zu,	Voreingenommenheit,
Zeitmangel,	schlechte Laune,
Prioritäten werden nicht klar vermittelt,	man kümmert sich nicht um die Bedürfnisse anderer,
man denkt nicht gründlich genug, zieht voreilige Schlüsse,	man versteht nur zum Teil und fragt nicht nach,
man verliert die Geduld, wird nervös und emotional,	Alternativen werden nicht in Betracht gezogen.

Wenn diese Probleme nicht erkannt und beseitigt werden, leidet die Effektivität der Kommunikation drastisch.

Kommunikationsprobleme haben Folgen	
Aufträge kommen nicht zustande,	Renommee geht verloren,
Streß und Schlaflosigkeit,	Lustlosigkeit,
Fehler treten auf,	verminderte Produktivität,
geringes Selbstwertgefühl,	Frust, Aggression,
schlechtes Arbeitsklima,	geringe Motivation,
Verlust an Teamgeist,	hohe Fluktuation,
das Firmenimage erleidet Schaden,	Krankfeiern,
Kreativitätsverlust,	Erstarrung in Routine.
Dies gilt es zu verhindern.	

Kommunikation prägt also unser tägliches Leben und unsere Beziehungen. Von ihr hängt unsere ganze Lebensqualität ab.

Sechs Grundregeln der Kommunikation

❶ *Alles, was wir tun, ist Kommunikation*

Menschen senden fortwährend verbale und nonverbale, beabsichtigte und unbeabsichtigte Botschaften. Was wir explizit aussprechen, bildet nur die Spitze des Eisbergs – je nach Situation macht es sieben bis 24 Prozent der Gesamtinformation aus.

Wenn wir morgens überlegen, was wir anziehen, so suchen wir etwas aus, das unser Selbstbild und unser Selbstwertgefühl widerspiegelt. Unser Auto, unser Haus oder unsere Wohnung, unsere Kleidung und die Accessoires – all das teilt mit, wie wir uns selbst einschätzen, wie wir gerne gesehen und behandelt werden möchten. Wenn wir persönliche Gegenstände auf unseren Schreibtisch stellen, so zeigen wir, was wir als wichtig und wertvoll erachten.

Wenn wir uns bewegen, unsere Körperhaltung oder die Miene verändern, drücken wir etwas über unsere Einstellungen und Gefühle aus.

Genauso aussagekräftig ist unsere Wortwahl und die Art, wie wir sprechen. Diese Botschaften werden oft unbewußt gesendet, und dennoch kommen sie an.

❷ *Die Art, wie eine Nachricht übermittelt wird,*
   beeinflußt stets auch den Empfang

Nachrichten sind mehr als nur die Worte, die wir aussprechen. Die Lautstärke, der Tonfall, der Blickkontakt, die Körperhaltung, die Kopfneigung – dies alles sind Faktoren, die anderen helfen, unsere Worte zu interpretieren.

❸ *Die entscheidende Kommunikation ist nicht die gesendete,*
   sondern die empfangene Botschaft

Es ist alarmierend, wie leicht eine Botschaft ganz anders ankommt, als wir es beabsichtigt hatten. Daher kann man zu Recht behaupten, daß die wirkliche Kommunikation aus der empfangenen Information besteht – unseren Absichten zum Trotz. Gute Absichten bedeuten noch lange nicht eine gelungene Verständigung.

❹ *Der Gesprächsbeginn bestimmt meistens das Unterhaltungsergebnis*

Jeder hat schon erlebt, daß einem die Art, wie jemand sprach, sofort unsympathisch war. Wenn wir nicht aufpassen, können schon unsere ersten Worte dazu führen, daß die anderen abschalten oder sich verschließen – und so unsere ganze Botschaft ablehnen. Der Erfolg eines Gesprächs hängt somit davon ab, wie wir anfangen.

❺ *Kommunikation ist keine Einbahnstraße*

Erfolgreiche Kommunikation bedeutet: gute Informationen zu geben und gute Informationen zu erhalten.

Natürlich wollen wir einerseits unseren Standpunkt klar, fair und überzeugend darstellen. Doch wenn es nur dabei bleibt, ist es keine Kommunikation, sondern ein Monolog. Wir müssen uns also andererseits auch den Standpunkt des anderen sorgfältig anhören, wenn das Gespräch erfolgreich sein soll.

❻ *Kommunikation ist ein gemeinsamer Tanz*

Kommunikation ist ein Prozeß, der auf Wechselseitigkeit beruht. Sie kommt im gemeinsamen Tun zum Tragen.

Dieses Buch ist zum Beispiel noch keine Kommunikation. Erst wenn Sie als Leser oder Leserin die Informationen entnehmen, findet Kommunikation statt. Sie sind dann Teil des Kommunikationsprozesses. Würde niemand dieses Buch lesen, dann hätten wir nur Schriftzeichen auf dem Papier, und es fände auch keine Kommunikation statt.

Kommunikation ist ein gemeinsamer Tanz. Wir reden *mit* anderen, wir sprechen nicht *zu* ihnen. Papageien reden *zu* uns, nicht *mit* uns!

Selbst wenn wir die gleiche Botschaft verschiedenen Menschen mitteilen, so wird sie stets unterschiedlich ausfallen. Es kann sein, daß wir mit der ersten Übermittlung dazugelernt haben; wir können etwas jetzt anders sagen, da wir den Sachverhalt anders durchdacht haben; oder wir befinden uns einfach in einer anderen Verfassung. Außerdem unterscheiden sich die Gesprächspartner und damit die Beziehung zueinander. Und so »tanzen« wir die Kommunikation jedesmal anders.

Ebenso werden die Empfänger unsere Botschaft auch unterschiedlich wahrnehmen. Jeder erlebt die gleiche Nachricht auf seine Weise, eben weil es verschiedene Menschen mit verschiedener Herkunft sind. Der »Kommunikationstanz« wird entsprechend anders ausfallen.

Haben Sie jemals etwas mit jemandem besprochen und dabei entdeckt, daß Ihre Ideen beim Sprechen plötzlich klarer wurden, obwohl Sie das gleiche Thema schon mit anderen besprochen hatten? Der Unterschied liegt im Prozeß – in dem, was sich zwischen Ihnen und Ihrem Gesprächspartner abspielt. Dies ist der »Kommunikationstanz«. Wie lautet der alte Spruch:

»Zum Tanzen gehören zwei.«

Dies sind also die sechs Grundregeln der Kommunikation. Ich werde im folgenden darstellen, wie man sie am besten einsetzen kann.

Was geschieht zwischen zwei Menschen, die versuchen, miteinander zu kommunizieren? Welche Gedanken gehen Ihnen durch den Kopf, wenn Sie mit einem Fremden, einem Freund, einem Kollegen, einem Vorgesetzten sprechen? Wenn Sie jemanden kennenlernen? Wenn Sie anderer Meinung sind? Von welchen Annahmen gehen Sie aus? Was für Erwartungen hegen Sie? Wie wirkt sich Ihre bisherige Erfahrung auf die Gegenwart aus?

Kapitel 2
Was zählt, ist das »Wie«

Ihre Stimme ist ein Instrument

Worte sind wichtig. Doch Worte bilden nur einen Bruchteil der Informationen, die andere empfangen. *Wie* Sie die Worte aussprechen: die Klangfarbe Ihrer Stimme (rauh, sanft, ausdruckslos, ansteigend, fallend), Ihre Stimmlage und Lautstärke (hoch, tief, laut, leise, moduliert), Ihr Sprechtempo (schnell, langsam) und die Art, wie Sie Ihre Worte betonen – all dies sind wichtige Faktoren. Sie beeinflussen nicht nur, wie die Botschaft beim Empfänger ankommt, sondern sie bestimmen auch den ersten Eindruck, den andere von uns bekommen. Tatsächlich basieren 38 Prozent des Ersteindrucks bei unseren Zuhörern auf der Qualität unserer Stimme.

Die richtige Betonung schafft Klarheit

Den meisten Menschen ist halbwegs bewußt, daß Betonen wichtig ist.

Der Satz in der Randspalte besteht aus neun Wörtern. Lesen Sie diesen Satz einige Male laut und betonen Sie jeweils ein anderes Wort. Sie bemerken sicher, daß sich die Bedeutung des ganzen Satzes verändert, wenn nur die Betonung eines einzelnen Wortes wechselt. Häufig verraten wir durch Betonung, was wir eigentlich denken, ohne uns dessen bewußt zu sein.

Ich habe nie gesagt, daß er sie belogen hat.

> *Mindestens zweimal täglich sollten Sie daran denken, Ihr Gesprächsverhalten zu überprüfen. Je häufiger Sie dies machen, desto eher wird es zur Gewohnheit. Allmählich werden Sie Ihre Gespräche dann ganz automatisch überprüfen.*
>
> *Gespräche überprüfen heißt: Achten Sie auf das, was Sie sagen, und auf die Art, wie Sie es sagen. Wenn Sie die Wirkung Ihrer Worte auf andere bewußt verfolgen, werden Sie lernen, die wirkungsvollste Betonung, Klangfarbe, Stimmlage, Lautstärke und das Sprechtempo entsprechend einzuset-*

Klangfarbe, Stimmlage und Sprechtempo wirkungsvoll einsetzen

Manche Stimmen sind melodisch, andere klingen voll. Manche vermitteln Wärme und Freundlichkeit, andere sind arrogant, wieder andere flach und monoton. Die Klangfarbe ist die Eigenart und Ausdrucksfähigkeit einer Stimme. Durch Modulation drückt sie Gefühlsschwankungen, Emotionen und Bedeutungsnuancen aus. Die Stimmlage ist die Fülle und Lautstärke, mit der wir sprechen, auch ob wir mit hohen oder tiefen Tönen oder einer interessanten Mischung aus beiden sprechen. Stimmlage und Sprechtempo erzeugen eindrucksvolle Kombinationen: Die Stimmen mancher Menschen sind zähflüssig wie Sirup, andere zwitschern atemlos und schnell; wieder andere stoßen Wörter aus wie ein Maschinengewehr. All das beeinflußt, wie andere uns erleben und unsere Mitteilungen aufnehmen.

17

Unsere Sprechweise ist nicht angeboren, sondern entwickelt sich durch Erfahrung und Gewohnheit, ohne daß uns dies bewußt ist. Das ist eigentlich schade, denn die menschliche Stimme ist ein sehr vielseitiges und klangvolles Instrument. Mit etwas Übung können wir die Wirkung unserer Äußerungen erhöhen und somit erreichen, daß die von anderen empfangene Nachricht auch der von uns beabsichtigten entspricht.

Ihre Stimme wird zum Beispiel stärker und voller, wenn sie tief aus dem Zwerchfell kommt und nicht oben in der Kehle gebildet wird.

Atmen Sie tief ein, und entspannen Sie dabei Ihre Halsmuskulatur und die Stimmbänder. Üben Sie, indem Sie laut vorlesen – am besten mit einem Kassettenrecorder –, bis Sie die Klangfarbe, Stimmlage, Modulation und Deutlichkeit erreichen, mit der Sie zufrieden sind.

Wie schnell sprechen Sie? Überstürzen sich Ihre Worte, so daß es schwierig wird mitzukommen? Oder zögern Sie so oft, daß die anderen ungeduldig werden und den Faden verlieren?

Das Sprechtempo soll auf zweierlei abgestimmt sein.

- *Auf das Thema*: Bei schwierigen Themen brauchen die Zuhörer mehr Zeit, um das Gesagte zu verarbeiten.
- *Auf den bzw. die Zuhörer*: Versuchen Sie, Ihr Sprechtempo Ihren Gesprächspartnern anzupassen. (Siehe Kapitel 15 und 25.)

Sie sollten bestrebt sein, etwa 70 Prozent fallende Betonungen am Satzende zu erreichen. Nachrichtensprecher werden darauf trainiert. Ihre Ausführungen klingen dann gewichtiger.

Wir tendieren dazu, zu schnell zu sprechen. Die meisten Menschen denken aber nicht in Wörtern, sondern benutzen sie, um Bilder im Kopf zu erzeugen. Zu viele Wörter pro Minute gestatten es aber nicht, daß »Bilder erzeugt« werden. Als Zuhörer gibt man es dann einfach auf. Ein häufiger Fehler bei der Aussprache ist, daß wir unsere Lippen zu dicht zusammenpressen. Oder es mangelt uns an Ausdrucksfähigkeit. Oder wir beenden Sätze und Phrasen mit steigender Betonung, so daß es klingt, als ob wir Zustimmung suchen. Kurzum, es läßt sich an unserer verbalen Kommunikation vieles verbessern.

Kapitel 3
Kommunikationshürden erkennen und überwinden

Effektiv kommunizieren ist in vielerlei Hinsicht wie ein Hindernisrennen. In jedem von uns stecken Hindernisse, nämlich Blockaden und Widerstände. Diese werden Kommunikationsfilter genannt. Sie verursachen, daß Informationen und Botschaften abgeblockt werden, dadurch wird unser Verständnis und folglich die Wirksamkeit unserer Kommunikation eingeschränkt. Gleichzeitig existieren in unserer äußeren Umgebung Hindernisse, die die Kommunikation behindern können. Und ebenso gibt es zwischen uns und den anderen Gesprächsteilnehmern persönliche Gegensätze, die leicht zu Mißverständnissen und sogar zu Konfliktsituationen führen können.

Vorsicht: Kommunikationsfilter!

1. Tatsache: Unsere Eltern sowie andere in unserem Leben maßgebliche Personen beeinflussen zusammen mit unseren eigenen Erfahrungen bestimmte Wertvorstellungen, Denkstrukturen und Weltanschauungen.

+

2. Tatsache: Das Gehirn strebt nach Ordnung und Berechenbarkeit.

=

3. Tatsache: Indem das Gehirn versucht, Ordnung herzustellen, interpretiert es automatisch neue Erlebnisse nach unseren festgefahrenen Denkstrukturen. Je länger wir leben, desto mehr werden diese Denkstrukturen kontinuierlich verstärkt.

×

4. Tatsache: Um das zu vermeiden, was Psychologen »kognitive Dissonanz« nennen, tendieren wir dazu, Informationen zu ignorieren, die unseren Vorurteilen und Denkstrukturen widersprechen.

=

sehr starke Kommunikationsfilter

Das Bedürfnis nach Ordnung und Berechenbarkeit, die Tendenz, gerade das zu sehen, was wir erwarten, und dabei widersprüchliche Informationen zu ignorieren, sowie die absolute Macht von gewohnheitsmäßigem Denken fügen sich zusammen und bilden absolut wirksame, starre Kommunikationsfilter.

Diese Filter sind wie zerfurchte Wege oder ausgetretene Pfade in unserem Gehirn. Weil unser Gehirn so rasant arbeitet, springen diese Filter augenblicklich in Aktion.

Da die meisten unserer Denkfilter bzw. -strukturen unterhalb unserer Wahrnehmungsschwelle arbeiten, werden sie uns auch nicht bewußt. Daher neigen wir dazu, sie nicht zu untersuchen, um festzustellen, ob sie überhaupt noch realistisch, aktuell, nützlich oder überhaupt gültig sind.

Natürlich haben manche dieser tradierten Meinungen durchaus ihren Wert und verhindern, daß wir »das Rad neu erfinden müssen«. Zum Beispiel: »Ich sollte höflich und respektvoll meinem Chef gegenüber sein« und »Man bekommt nur so viel raus, wie man reinsteckt«. Dies sind zwei wahrscheinlich durchaus nützliche Ansichten, die von vielen geteilt werden.

Andere eingefahrene Denkstrukturen dagegen sind weniger nützlich, besitzen weniger Gültigkeit, verhindern zwischenmenschliche Kommunikation. So sollten alle Annahmen, Denkweisen und -strukturen, Vorstellungen davon, wie Menschen sich benehmen »sollten«, gelegentlich auf ihre Wirklichkeitsnähe überprüft werden.

Ganz egal, ob unsere Denkstrukturen und festen Vorstellungen gültig bzw. nützlich sind oder nicht, sie werden leicht bestätigt und verstärkt. Wenn wir zum Beispiel die vorgefaßte Meinung haben: »Ich bin schüchtern, und die meisten Menschen mögen mich nicht«, dann nehmen wir leicht Signale wahr, die sich von uns auf diese Weise interpretieren lassen: »Sie interessieren sich nicht für das, was ich zu sagen habe« oder »Er mag mich nicht«. Auf diese Weise werden tatsächliche Anzeichen von Freundlichkeit oder der Wunsch, uns zuzuhören, ignoriert.

Wir empfangen und verarbeiten nur Signale, die Abneigung und Desinteresse zeigen, um dadurch gerade diese Annahme zu verstärken. Da sich unsere Denkstrukturen als »richtig« erweisen sollen, wird sich unser Verhalten anderen gegenüber nach der »Tatsache« richten, daß wir »wissen«, daß sie uns nicht leiden können. Konsequenterweise werden wir uns auch dementsprechend benehmen, daß andere geradezu aufgefordert werden, uns nicht zu mögen.

Dazu kommt, daß unser Gegenüber auch sein eigenes Denkraster hat.
Stellen Sie sich vor, daß die ältere Dame in der folgenden Zeichnung davon
ausgeht, daß alle jungen Leute faul und schlampig sind. Diese Annahme
wird die Art, in der sie mit jungen Leuten redet, direkt beeinflussen.

Der junge Mann in der nachfolgenden Zeichnung wird ebenfalls seine
eigenen Meinungen, sein eigenes vorgeprägtes Denkraster haben. Was ist,
wenn er glaubt, alle älteren Menschen sind böse und giftig?

> Sobald Sie das Gefühl bekommen, daß Sie nicht mit dem realen Menschen, sondern mit Ihrer Vorstellung von ihm reden, halten Sie inne, und überlegen Sie sich: Welche Denkstruktur beeinflußt mich jetzt? Welcher gedanklichen Vorstellung, welchem Vorurteil oder Stereotyp falle ich jetzt zum Opfer? Welche Annahmen, die vielleicht ungültig sind, habe ich jetzt gemacht? Überprüfen Sie Ihre Annahmen und vorgefaßten Meinungen, und revidieren Sie diese gegebenenfalls anhand Ihrer neuen Erfahrungen und Einsichten.

In einem solchen Fall reden zwei Menschen nicht miteinander, sondern mir ihren Vorstellungen voneinander. Sicher können Sie sich vorstellen, wie ineffektiv sich ein solches Gespräch gestalten wird.

Sobald Sie solche Denkstrukturen und Vorurteile erkennen, können Sie diese auch aktualisieren bzw. revidieren, damit diese nützlicher und realistischer werden. Falls dies nicht möglich sein sollte, wäre es am besten, ein Vorurteil zuzugeben und es beiseite zu legen.

Bills Vorurteile

Bill hatte eine mittlere Führungsposition inne. Er war stolz darauf, daß er gerecht und für neue Ideen aufgeschlossen war. Er glaubte auch, er hätte viele seiner inneren Kommunikationsfilter entdeckt und beseitigt. Ein früherer Filter war, daß er sich zu Menschen mit französischem Akzent hingezogen und sich wohl bei ihnen fühlte. Er meinte, daß dies wohl daher kam, daß seine Großeltern mit französischem Akzent gesprochen hatten. Er sah in diesem Vorurteil nichts Schädliches, bekannte sich dazu und akzeptierte es.

Dann aber heiratete seine Mutter erneut, dieses Mal einen Franzosen. Leider konnte Bill diesen Mann nicht leiden. Nun bemerkte er, daß er auf Menschen, die mit französischem Akzent sprachen, auf einmal negativ reagierte. Seine Versuche, diese Änderung seines Denkrasters zu revidieren, schlugen fehl. Daher nahm er sich vor, sich zu diesem Vorurteil zu bekennen und es im Umgang mit Franzosen beiseite zu legen. Das war anstrengend, aber Bill glaubte, daß ein bewußtes Ignorieren dieses Vorurteils nur von Vorteil für ihn selbst und für andere sein würde.

Werden Sie sich bewußt, wie Sie mit anderen kommunizieren. Erkennen Sie die Filter, die Ihre Kommunikation behindern. Bekennen Sie sich dazu, und unternehmen Sie etwas, um diese Filter entweder zu beseitigen oder ihre Wirkung zu verringern.

Abgesehen von Denkmustern, besitzen wir alle sehr viele verschiedene Filter, die den Kommunikationsprozeß blockieren können.

Einige häufige Kommunikationsfilter	
Vorschnelle Einschätzung	Streß
Zerstreutheit	Schlecht zuhören können
Voreilige Schlüsse ziehen	Kurze Aufmerksamkeitsspanne
Vorurteil	Schlechtes Gehör
Ihre Gedanken schweifen ab	Unaufmerksamkeit
Ungerechtfertigte Annahmen	Fixe Ideen
»Selektives Gehör«	Vorgefaßte Meinungen

Kommunikationshindernisse reduzieren

Auch in unserer Umgebung gibt es Kommunikationshindernisse: Lärm, Ablenkung, zu viele Dinge, die alle gleichzeitig ablaufen usw. Diese Störungen können die Konzentration erschweren und verursachen, daß wir nur einen Teil einer Botschaft bzw. eine verzerrte Nachricht hören. Solche

Störungen können dafür sorgen, daß wir uns unwohl fühlen, oder sie können uns nervös machen.

Es gibt eine gute Möglichkeit, solche Hindernisse zu überwinden, indem man versucht, Lärm und andere Ablenkungen abzublocken, und die Aufmerksamkeit einzig und allein dem Gesprächspartner schenkt. Versuchen Sie daher, Ihr Gespräch an einen ruhigeren Ort zu verlegen, bzw. schalten Sie die Ablenkungen weitestgehend aus. Sollte dies nicht gehen, dann vertagen Sie Ihre Besprechung auf einen besseren Zeitpunkt. Bitten Sie darum, ungestört zu sein. Konzentrieren Sie sich auf das Gespräch, indem Sie aufmerksam zuhören und gedanklich die wesentlichen Punkte des Besprochenen für sich resümieren.

Persönliche Unverträglichkeiten überwinden

Manchmal vertragen wir uns so wenig mit einem anderen Menschen, daß es schwierig, peinlich oder unangenehm für uns wird, mit ihm ein Gespräch zu führen. Alters-, Geschlechts- und Rassenunterschiede, unterschiedliche Herkunft, Bildung, Persönlichkeit, Wertvorstellungen oder auch ein anderer Lebensstil können ebenfalls die Ursache für solche Schwierigkeiten sein. Diese Unterschiede können Kommunikationsfilter wie Stereotype, Vorurteile, zu frühe Bewertung und sogar Streß hervorrufen, häufig, ohne daß uns dies bewußt wird.

Wenn sich unsere Ansichten völlig von denen eines anderen unterscheiden, kann es schwierig sein, eine »gemeinsame« Sprache zu finden.

Manchmal drücken wir uns ungeschickt aus; vielleicht ist auch einer der Gesprächspartner schwerhörig oder redet nicht deutlich; vielleicht will ein Gesprächsteilnehmer zu viele Punkte auf einmal abhaken, mit dem Ergebnis, daß dies die anderen verwirrt.

> *Wenn wir solche Hindernisse erkennen, können wir diese auch versuchen zu überwinden und so erfolgreiche Gespräche führen. Wir können Fragen stellen, Informationen neu formulieren, langsamer oder lauter reden – eben das, was notwendig ist, um eine bessere Verständigung zu erreichen.*

In Kapitel 5 werden wir die Bedeutung von Einfühlungsvermögen besprechen und untersuchen, wie damit grundsätzliche Unterschiede und Unverträglichkeiten überwunden werden können.

In erster Linie sollten wir uns aber immer vor Augen halten, daß das »Hindernisrennen« immer gegenwärtig ist. Jeder von uns hat seine eigenen Hindernisse. Sich dieser bewußt zu sein sowie der Wille, sie zu überwinden, bedeuten zusammen mit Geduld und Verständnis auch für die Barrieren des Gesprächspartners einen großen Fortschritt auf dem Weg zu einer effektiveren Kommunikation.

Kapitel 4
Verhalten erzeugt Gegenverhalten

> »Behandle andere so, wie du behandelt werden möchtest.«
> »Du erntest, was du säst.«
> »Wie du mir, so ich dir.«

Diese Sprüche sind vielen von uns bekannt. Was bedeuten sie eigentlich?

Das Gesetz der »psychologischen Reziprozität« klingt für diejenigen unter uns, die Fachjargon mögen, imponierend. Doch was bedeutet es eigentlich?

Alles hat die gleiche Bedeutung:

Verhalten erzeugt Gegenverhalten.

Wir wissen, daß Menschen dazu neigen, so zu reagieren, wie wir sie behandeln:

- Wir ernten das, was wir säen.
- Sei unhöflich – und die Menschen werden auch meistens unhöflich zu dir sein.
- Sei höflich – und andere Menschen werden im allgemeinen höflich zu dir sein.
- Sei rücksichtsvoll – und andere Menschen werden dir in der Regel ebenfalls rücksichtsvoll entgegenkommen.
- Respektiere andere – und andere Menschen werden dich im großen und ganzen auch respektieren.

Alles, was wir machen müssen, ist, uns zu entscheiden, wie wir von anderen behandelt werden möchten. Wir behandeln dann andere entsprechend und ... schwuppdiwupp! (In Wirklichkeit ist es natürlich nicht immer ganz so einfach. Aber es funktioniert – häufiger, als man meint.)

Die meisten von uns haben sicherlich schon erlebt, daß sie unerwartet zuvorkommend bedient wurden und sich die Freude darüber auf das eigene Wohlbefinden ausgewirkt hat. So kann es sein, daß wir anschließend auch anderen gegenüber entsprechend freundlicher gewesen sind. Leider haben viele von uns auch das Gegenteil erlebt: unhöfliche Bedienung, die uns noch gereizter als sonst machte. Und dies hat dann vielleicht dafür gesorgt, daß wir es in gleicher Münze anderen zurückgezahlt haben. Diese Beispiele zeigen: Andere beeinflussen uns – das Verhalten eines anderen erzeugt unser Verhalten.

Das Gegenteil passiert ebenfalls: Haben Sie nicht auch schon einmal einen anfänglich unkooperativen Gesprächspartner, der nicht gerade hilfsbereit war, dahin gehend beeinflußt, daß er lächelte und freundlicher wurde, und zwar durch Ihr Lächeln oder Ihr freundliches Verhalten ihm gegenüber? Dies geschieht ständig. Wenn Sie aufpassen, können Sie es jeden Tag in Restaurants, Parkhäusern, Läden und Büros beobachten. Dies geschieht, weil die Menschen von Natur aus dazu neigen, Gleiches mit Gleichem zu vergelten.

Genau dies besagt das Gesetz der »psychologischen Reziprozität«: Sei nett zu mir, und ich bin nett zu dir; und wenn du nicht willst, dann kriegst du von mir so viel ab wie ich von dir. So erzeugt Verhalten Gegenverhalten.

28

Vorausgesetzt, Sie wissen dies, können Sie die Kontrolle über einen wesentlichen Teil Ihrer Kommunikationssituationen übernehmen. In welcher Tonart wollen Sie das Gespräch gestalten; lässig, leger, informell? Wenn Sie sich gelassen geben, wird auch Ihr Gesprächspartner dazu neigen, Ihrem Beispiel zu folgen. Höflich und liebenswürdig? Wenn Sie höflich und liebenswürdig anderen gegenüber sind, werden Sie diesen helfen, Ihnen gegenüber ebenfalls höflich und liebenswürdig zu sein. Partnerschaftlich und offen? Indem Sie sich partnerschaftlich und offen geben, gehen Sie mit Ihrem guten Beispiel voran.

Benutzen Sie das Gesetz der »psychologischen Reziprozität«, um Ihre Gespräche zu lenken und deren Ergebnisse zu beeinflussen. Sie werden so viel ernten, wie Sie säen.

Sie können also Ihr eigenes Verhalten dazu einsetzen, das Verhalten anderer zu beeinflussen. Aber in welchem Ausmaß wird Ihr Verhalten von den anderen beeinflußt?

Wenn uns jemand unhöflich gegenübertritt, haben wir die Wahl zwischen verschiedenen Reaktionsmöglichkeiten. Zum einen können wir per Retourkutsche genauso unhöflich sein, zum anderen können wir weiterhin höflich bleiben und so versuchen, den anderen dahin gehend zu beeinflussen, uns gegenüber ebenfalls höflich zu sein. In jedem Kommunikationsvorgang haben wir Handlungsalternativen. Jede von diesen Alternativen hat wiederum vorhersagbare Ergebnisse, da wir auch das ernten, was wir säen – und wir können wählen, was wir säen wollen.

Menschen werden weder böse, unhöflich oder unverschämt noch höflich, freundlich oder hilfsbereit geboren. Wie wir andere behandeln, hängt im wesentlichen von drei Faktoren ab: davon, wie sie uns behandeln (Verhalten erzeugt Gegenverhalten); vom Locus of control bzw. von der Kontrollüberzeugung (gibt uns Wahlmöglichkeiten – dies wird weiter unten besprochen); unserem vorgefaßten Denkraster (wurde im letzten Kapitel besprochen). Wie wir festgestellt hatten, können wir viele von diesen Faktoren bewußt werden lassen, sie untersuchen, gegebenenfalls verändern oder aktualisieren – sie sind nicht starr festgelegt.

Eines der besten Mittel, um Respekt zu bekommen, ist, vor anderen Respekt zu zeigen.

Die Tatsache, daß wir unser Verhalten der jeweiligen Situation anpassen können, ist sehr erfreulich – bedeutet sie doch, wenn etwas schiefgeht, können wir uns überlegen, wie wir handeln wollen. Wir brauchen nicht reflexartig darauf zu reagieren.

Locus of control – für niemanden eine Marionette sein

»Er macht mich wütend!« ist ein Satz, den wir alle schon gehört haben. Ist es aber tatsächlich möglich, daß jemand anderer uns zwingen kann, wütend zu sein? Oder haben wir dies nicht eher selbst zu bestimmen? Schauen wir uns das Gesetz der »psychologischen Reziprozität« doch einmal näher an. Wir wissen, daß wir das Verhalten anderer durch unser eigenes beeinflussen können. Funktioniert dies auch umgekehrt? – Können andere unser eigenes Verhalten durch Ihr Verhalten beeinflussen? Müssen wir unbedingt auf andere so reagieren, wie sie uns behandeln?

Korris Wetter

Das Jahr war außerordentlich verregnet. Der Koala Korri saß ganz niedergeschlagen hoch in seinem Baum. »Ich habe es satt, daß ich so feucht bin. Ich habe den Geruch von triefendem Eukalyptus satt. Ich vermisse die ganzen Besucher, die auf uns zeigten und uns bewunderten.«

Ihr Freund, Gum Nut, schlenderte zu ihr rüber, um sie aufzumuntern. »Gott im Himmel, Korri, ich weiß nicht, was dir fehlt. Vor sechs Monaten hast du dich darüber beschwert, daß du wegen der vielen Besucher nicht schlafen konntest! Wir haben jede Menge Blätter zu fressen, und ein sanfter Hauch wiegt uns in den Schlaf. Natürlich ist es naß hier oben, aber du darfst dich davon nicht deprimieren lassen. Du bist doch über ein bißchen Regen erhaben!«

Manchen Leuten macht es nichts aus, ob es regnet oder ob die Sonne scheint – sie tragen ihr eigenes gutes Wetter bei sich. Dies besteht nicht nur aus Phrasen wie »Immer den silbernen Streifen sehen« oder »Positiv eingestellt sein«. Es geht vielmehr um den Locus of Control – wer hat Ihre Fäden in der Hand? Sie können Ihre eigenen Gedanken und Ihr Verhalten selbst bestimmen – oder sie können es von jemand anderem machen lassen.

Menschen, die ihr eigenes schönes Wetter bei sich tragen, brauchen keinen Sonnenschein, um glücklich zu sein – sie tragen ihre eigene Sonne in sich. Sie müssen nicht zuvorkommend bedient werden, um gute Laune zu be-

Sie können Ihr Verhalten wählen.

kommen; und ein schlechter Service verdirbt ihnen nicht die Laune. Ihr Locus of Control ist internal. Gerade diese Menschen können Höflichkeit aus den unhöflichen, Freundlichkeit aus den unfreundlichen und Hilfsbereitschaft aus rohen Zeitgenossen holen.

Andere dagegen verschenken ihren Locus of Control – sie lassen zu, daß andere sowohl ihr Verhalten kontrollieren als auch bestimmen, ob sie glücklich oder traurig, freundlich oder unfreundlich, höflich oder grob sein werden. Diese Menschen habe ihre Handlungsfreiheit verschenkt – ihr Locus of Control ist external.

Wir werden das Konzept des inneren Monologs in Kapitel 21 weiter besprechen. Vorerst aber möchten wir festhalten:

Hören Sie auf Ihre innere Stimme – dadurch werden Sie Ihrem eigenen Denkraster auf die Spur kommen und feststellen, ob Ihr Locus of Control internal oder external ist.

Daraus folgt, daß andere unser eigenes Verhalten nur beeinflussen kön-nen, wenn wir dies zulassen. Wenn wir die Kontrolle beibehalten und unser eigenes Verhalten selbst bestimmen, dann sorgen wir dafür, daß unser Locus of Control internal bleibt.

Übernehmen Sie die Kontrolle über Ihre Kommunikation!

Wenn wir den Locus of Control bei uns behalten und dadurch unser eigenes Verhalten bestimmen, dann werden wir nie sagen müssen: »Er macht mich wütend!« Wir werden die Wahl haben, ob das Verhalten eines anderen uns wütend macht oder ob wir zugeben, daß sein Verhalten zwar ärgerlich ist, aber dennoch unseren eigenen Tagesablauf weiterhin unge-stört fortsetzen. Letzteres stellt die stärkere Position dar: Sie gibt uns die Kontrolle über viele Interaktionen, die wir eingehen, ganz besonders die schwierigen.

> *Da unser Verhalten ein Gegenverhalten erzeugt und wir genau dieses Ver-halten bestimmen können, können wir auch zu einem großen Teil das Er-gebnis aller kommunikativen Interaktionen, die wir eingehen, beeinflussen. Dies bedeutet wiederum, daß wir die Kontrolle über die kommunikativen Vorgänge auch übernehmen können. Wir können zielstrebig sein und das, was wir wollen – Freundlichkeit, Höflichkeit, Respekt – in höherem Maße und häufiger erfahren.*

Kapitel 5
Beachten Sie auch die Perspektive der anderen

Dazwischen liegen Welten:

Apathie	Sympathie	Empathie

Zwischen diesen drei Wörtern gibt es einen Riesenunterschied.

Apathie

Apathie, also Gleichgültigkeit, entspricht der Einstellung: »Das geht mich nichts an!« Diese Haltung versetzt jeder Kommunikation den Todesstoß. Wir können nicht sehr lange und nicht besonders gut mit jemandem kommunizieren, dem wir als Person gleichgültig sind und den das, was wir zu sagen haben, nicht interessiert.

Sympathie

Sympathie bzw. Mitgefühl ist in Gesprächssituationen nur unwesentlich besser. Denn Sympathie beinhaltet eine so nahe Verbundenheit mit jemand anderem, daß das, was den einen bewegt, auch den anderen ähnlich berührt. In den meisten kommunikativen Situationen ist dies aber nicht notwendig, zum Teil sogar nicht wünschenswert.

Empathie

Empathie, also Einfühlungsvermögen, ist dagegen ganz anders. Empathie bedeutet, eine Situation aus der Perspektive eines anderen betrachten zu können. Dies bedeutet aber nicht unbedingt, daß man seiner Betrachtungsweise zustimmt – man könnte sie sogar völlig ablehnen und sie doch verstehen.

Das Einfühlungsvermögen bringt uns einem anderen Menschen insoweit näher, daß wir uns in dessen Lage versetzen und seinen Standpunkt verstehen können. So können wir miteinander reden, und ein möglicher Widerstand oder defensives Verhalten unseres Gesprächspartners wird vermindert. Dies erleichtert es auch unserem Gesprächspartner, sich unser Anliegen anzuhören.

Wichtige Geschäftsabschlüsse

Lou war einer der tüchtigsten Verkäufer seiner Firma. Er fühlte sich blendend, wenn er ein Geschäft abschließen konnte, aber er wurde sehr deprimiert, wenn ihm ein Geschäft danebenging. Er war fest davon überzeugt, er könnte noch erfolgreicher sein, wenn ihm seine Vorgesetzte mehr Handlungsspielraum bezüglich der Preise einräumen würde.

Als Lou mit dieser Forderung zu seiner Chefin ging, entgegnete ihm diese: »Lou, ich kann schon einsehen, wie wichtig dir deine Geschäftsabschlüsse sind. Ich kann auch deinen Wunsch verstehen, Preisnachlässe zu gewähren. Natürlich kann ich auch deine Meinung nachvollziehen, dies könnte sich absatzsteigernd auswirken. Der Absatz ist der Firma wichtig – aber unsere Preisstruktur ist ebenso von Bedeutung. Daher sollten wir zuerst einmal versuchen, ob wir unseren Absatz nicht dadurch steigern können, indem wir unseren Service verbessern. So könnten wir Preisnachlässe vermeiden.«

Lous Chefin zeigte ihm gegenüber Empathie: Obwohl sie seine Meinung nicht teilte, konnte sie seine Sicht verstehen.

Vergleichen wir dies mit Apathie. Wie effektiv könnten Lou und seine Chefin zusammenarbeiten, wenn sie seiner Forderung, Preisnachlässe zu gewähren, um Vertragsabschlüsse zu erhalten, gleichgültig gegenübergestanden hätte?

Oder was wäre geschehen, wenn sie Mitgefühl gezeigt hätte: wenn sie sich von seiner Besorgnis über den vermeintlichen Absatzverlust hätte mitreißen lassen und ihm das Recht eingeräumt hätte, Preisnachlässe zu gewähren, obwohl dies ein Verstoß gegen Firmenrichtlinien bedeutet hätte? Sie würde dann ihre Position nicht sonderlich gut ausfüllen.

Strebe zuerst danach, die Perspektive des anderen zu verstehen und zu würdigen.

Den Bezugsrahmen des anderen verstehen

Unser Bezugsrahmen setzt sich zusammen aus unserer Herkunft, unseren Erfahrungen, Wertvorstellungen, Glauben, Denkstrukturen und -rastern. Unser Persönlichkeitstypus und unser Arbeitsstil sind ebenso Teile unseres Bezugsrahmens (siehe auch Kapitel 15). Manche Leute schätzen detaillierte Informationen, während andere sich nur für das Endergebnis interessieren. Manche benötigen ein freundliches Arbeitsklima, während sich andere nur darauf konzentrieren, daß die Arbeit reibungslos erledigt wird. Manche schätzen Pünktlichkeit, während für andere nur ein gutes Ergebnis zählt, gleichgültig, wie lange es dauert. Jeder hat seine eigenen Prioritäten.

Je besser wir den Bezugsrahmen eines anderen verstehen können – woher er kommt und was ihm wichtig ist –, desto leichter fällt es uns, mit ihm zu kommunizieren. Wenn wir wissen, was für unsere Gesprächspartner von

35

Wirkungsvolle Kommunikation bedeutet eine Annäherung unserer Bezugsrahmen. So können wir gleiche oder zumindest ähnliche Gedanken und Ideen miteinander austauschen.

Bedeutung ist, können wir unsere Informationen ihren Bedürfnissen entsprechend strukturieren. Wenn wir ihre Herkunft und ihre Erfahrungen kennen, können wir ihnen die Informationen so anbieten, daß sie diese auch einordnen können. So können wir Dinge aus deren Perspektive betrachten. Zusammengefaßt läßt sich feststellen, je stärker wir uns an die verschiedenen Bezugsrahmen annähern, desto eher werden wir die gleiche Sprache sprechen und unsere Informationen so darbieten, daß wir gute Gesprächsergebnisse erzielen.

Wir müssen also unsere Bezugsrahmen – unsere verschiedenen Weltanschauungen – soweit wie möglich zur Deckung bringen, um erfolgreich zu kommunizieren. Da unsere Erfahrungen nie denjenigen anderer Menschen gleichen können, ist eine vollständige Deckungsgleichheit unmöglich. Manchmal ähneln wir aber einem Menschen sehr stark in bezug auf Erziehung, Alter, Lebenserfahrungen usw., daß sich unsere Bezugsrahmen wie von selbst decken. Wir können uns dann mühelos in diese einfügen.

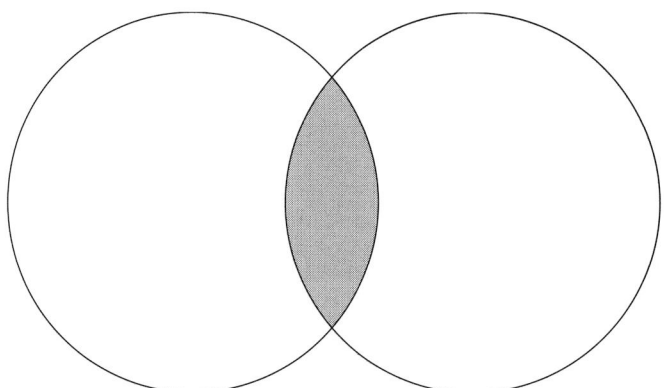

In anderen Fällen dagegen bestehen so viele Unterschiede zwischen zwei Menschen (siehe Kapitel 3), daß eine Deckungsgleichheit nur begrenzt möglich ist. In diesen Fällen ist unser Einfühlungsvermögen für ein erfolgreiches Gespräch entscheidend. Je mehr Deckungsgleichheit wir erzielen können, ob durch natürliche Empathie oder durch bewußt herbeigeführte Empathie, desto besser werden unsere Gespräche.

Dies ist die eigentliche Bedeutung von Empathie und erklärt ihre zentrale Bedeutung für eine effektive Kommunikation.

Empathie entwickeln

Empathie ist eine erworbene Fähigkeit. Wie alle Fähigkeiten muß sie so lange eingeübt werden, bis sie zu unserer zweiten Natur wird.

Entwickeln Sie Empathie, indem Sie bei jeder sich bietenden Gelegenheit versuchen, sich in die Lage eines anderen zu versetzen, also eine Situation aus seiner Perspektive zu erleben. Stellen Sie Fragen, um die Situation zusammen mit dem anderen Gesprächspartner zu erkunden. Überprüfen Sie Ihre Empathie, indem Sie mit Ihren Worten wiederholen, wie Sie die Vorstellungen und den Standpunkt des anderen verstehen. Stellen Sie sich vor und artikulieren Sie, wie Sie sich fühlen würden, wenn Sie in seiner Lage stecken und so wie er empfinden würden.

Versuchen Sie dies zuerst mit Bekannten, zu denen Sie ein positives Verhältnis haben. Sobald sich Ihre Fähigkeiten weiterentwickeln, sollten Sie den Schwierigkeitsgrad allmählich erhöhen. Üben Sie Ihre Empathie auch mit Menschen, die sich stärker von Ihnen unterscheiden, und schließlich mit Menschen, deren Ideen und Meinungen für Sie besonders schwierig zu verstehen sind.

Übung macht den Meister!

Das Gelöbnis

Gleichgültig, ob ich dem, was du sagst, zustimme oder nicht, ich werde dein Recht, es zu sagen, respektieren. Ich werde auch versuchen, es aus deiner Perspektive zu verstehen. Dies wird mir wiederum helfen, dir auch meine Perspektive wirkungsvoll mitzuteilen.

Kapitel 6
Rezepte zur Konfliktlösung

Suche den gemeinsamen Nenner, und sorge dafür, daß es keinen Verlierer gibt.

> *»Man muß geben und nehmen können.«*

> *»Es ist wichtig, daß alle gewinnen.«*

> *»Höre auf den anderen, und finde heraus, was er wirklich will.«*

> *»Jeder muß zufriedengestellt werden.«*

> *»Du wirst es zurückbekommen, wenn du andere schlecht behandelst.«*

Jeder, der diese Sprüche äußert, meint im Prinzip das gleiche: »Wenn es einen Verlierer gibt, dann hat eigentlich niemand eine Auseinandersetzung gewonnen.«

Meinungsverschiedenheiten, Unstimmigkeiten, Auseinandersetzungen, Rivalitäten, Streitigkeiten, Dissonanzen, Zwietracht – kurzum, Konflikte in verschiedenen Formen – sind in Betrieben weit verbreitet. Wollen wir wirklich, daß Konflikte Auslöser sind von Streß, chronischen Reibereien und langwierigen Kleinkriegen? Oder wollen wir offen und ehrlich damit umgehen und versuchen, diese Konflikte fair und zu aller Zufriedenheit zu lösen?

Probleme und Schwierigkeiten offen darlegen und besprechen

Eine der wichtigsten kommunikativen Fähigkeiten, die erfolgreiche Manager hervorheben, ist die Fähigkeit, Konflikte zu lösen; insbesondere die Fähigkeit, Konflikte gemeinsam anzugehen, um zu einer allgemein befriedigenden Lösung zu kommen.

Um dies zu erreichen, müssen wir alle Probleme oder Schwierigkeiten offen darlegen. Nur dann können wir sie richtig angehen und besprechen. Sobald wir die Ursache eines Problems entdeckt haben, können wir es auch gemeinsam versuchen zu lösen. Dies ist wesentlich besser, als einem anderen unsere eigene Lösung aufzuzwingen.

Wie reagieren Sie, wenn jemand Ihnen seine Lösung aufzwingt? Reagieren Sie mit Empörung, Wut oder Widerstand? Wollen Sie sich irgendwie rächen? Werden die anderen »die Schlacht, aber nicht den Krieg« gewonnen haben? Die meisten Menschen reagieren auf diese Weise, wenn sie etwas aufgezwungen bekommen und ihre Bedürfnisse ignoriert werden.

Eindrucksvolle Lösungen über die Köpfe anderer Leute hinweg sind eine armselige Praxis, es sei denn, es wäre absolut notwendig. Wenn Sie sich dazu entscheiden, es trotzdem zu tun, sollten Sie sich auch der Konsequenzen bewußt sein: Empörung, Wut, Widerstand, Rache und vieles mehr.

Fünf Möglichkeiten, Konflikte anzugehen

❶ *Die partnerschaftliche Methode: »Alle gewinnen«*

Es ist wichtig, Angelegenheiten zu besprechen. Denn so können wir gegenseitig annehmbare Lösungen finden: Lösungen, mit der beide Parteien leben und die diese auch unterstützen können. Dies ist die partnerschaftliche »Alle-gewinnen-Methode«. Diese Methode ist zu bevorzugen, wenn nicht nur unseren Wünschen und Bedürfnissen Rechnung zu tragen ist, sondern auch denjenigen unseres Gesprächspartners – wir gewinnen beide. Diese Methode bringt Ihnen doppelten Gewinn: Sie ist nicht nur dafür geeignet, gangbare Lösungen zu finden, sondern eignet sich auch hervorragend dazu, bessere zwischenmenschliche Beziehungen zu entwickeln.

Auch andere Methoden sind denkbar.

❷ *Zwang*

Wir können, wie bereits besprochen, unsere eigenen Lösungen dem anderen aufdrängen. Wir wissen, daß dies in bezug auf die zwischenmenschlichen Beziehungen bedeutet: Feindseligkeit. Manchmal wird aber die Angelegenheit an sich so bedeutsam sein, bzw. es ist für Sie wichtig, Ihren Weg durchzusetzen, daß die Wünsche und Bedürfnisse des anderen nicht berücksichtigt werden können. Dies ist eine »Gewinner-Verlierer-Methode«: Ich gewinne, du verlierst. Vorsicht: Verlierer neigen dazu zurückzuschlagen.

❸ *Vermeidung*

Eine weitere Möglichkeit ist es, ein Problem zu vermeiden. Dies ist die »Alle-verlieren-Methode«, es gewinnt keiner, da das Problem ignoriert und der Konflikt nicht ausgetragen wird. Dabei ist aber die Wahrscheinlichkeit sehr hoch, daß die Konfliktsituation weiter bestehen bleibt und sich allmählich verschlimmert. Die Beziehung leidet, und es wird keine Lösung erreicht. Problemvermeidung bedeutet, daß die Wünsche und Bedürfnisse von beiden Parteien nicht berücksichtigt werden. Die Lösung wird häufig dem Schicksal oder dem Zufall überlassen.

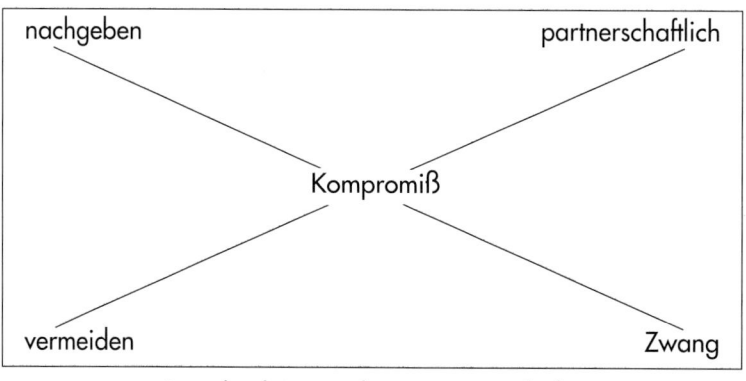

hoch

Rücksicht auf die Bedürfnisse anderer

Bedeutung der zwischenmenschlichen Beziehungen

niedrig/gering

nachgeben — partnerschaftlich

Kompromiß

vermeiden — Zwang

hoch

Berücksichtigung der eigenen Bedürfnisse

❹ *Nachgeben*

Die vierte Möglichkeit ist nachzugeben, also dem anderen seinen Willen zu lassen. Wir geben vor, daß alles stimmt, und bügeln alles glatt. Dies ist die »Verlierer-Gewinner-Methode«, da wir die Bedürfnisse und

Wünsche des anderen berücksichtigen, und dies bisweilen auf unsere Kosten. Dies kann nur dann sinnvoll sein, wenn uns die Angelegenheit nicht besonders viel bedeutet und uns die zwischenmenschlichen Beziehungen wichtiger sind. Manchmal ist es durchaus sinnvoller, dem anderen nachzugeben, besonders dann, wenn unsere eigenen Wünsche oder Bedürfnisse nicht sonderlich beeinträchtigt werden.

❺ *Kompromiß*

Die fünfte und letzte Möglichkeit der Konfliktlösung besteht darin, einen Mittelweg zu finden. Die Wünsche und Bedürfnisse von beiden Parteien werden nicht absolut befriedigt, aber oft ist ein Kompromiß die bestmögliche Lösung. Es wird eine einigermaßen annehmbare und durchführbare Problemlösung erreicht, und auch die Beziehung wird wenig belastet. Es verliert zwar keiner, aber es gewinnt auch keiner.

Klären Sie Ihre Ziele

Natürlich bringt Zwang schnelle Ergebnisse, aber letztendlich ist auf längere Sicht eine gute Partnerschaft befriedigender. Menschen engagieren sich stärker bei der Durchführung eines Vorhabens, wenn sie Anteil an dessen Entstehen hatten und zumindest einige von ihren Bedürfnissen dabei berücksichtigt wurden. Rache, Widerstand und Unwillen werden so weitgehend ausgeschaltet. Die zwischenmenschlichen Beziehungen werden sich weiterentwickeln und verstärken.

> *Wenn Sie mit einer Situation konfrontiert werden, wo es verschiedene widersprüchliche Wünsche bzw. Lösungen gibt, oder wenn Sie ein Problem erkannt haben, das gelöst werden muß, werden Sie sich klar darüber, was Sie dabei wollen.*

Zielen Sie auf »Alle gewinnen«

Die Methode »Alle gewinnen« ist das Schlüsselkonzept einer erfolgreichen Kommunikation. Wie können wir es in der Praxis verwirklichen? Nachfolgend sind einige Verhaltensweisen aufgeführt, die von erfolgreichen Managern als nützlich bzw. hinderlich bei schwierigen Verhandlungen erkannt wurden:

Nützlich	Hinderlich
Sich auf den jeweiligen Gesprächspunkt konzentrieren,	Nicht zugeben wollen, daß der andere recht hat,
geduldig sein,	an der eigenen Meinung festhalten,
das Thema und seine Bedeutung klar herausstellen,	schreien und die Kontrolle verlieren,
Zuhören,	Unterbrechungen,
der Wille, eine Einigung zu erzielen,	alle reden gleichzeitig,
andere Meinungen respektieren,	anderen eine »Lösung« aufzwingen,
sich auf die gemeinsamen Vorstellungen konzentrieren,	undeutliche Zielsetzung,
Beschwerden vorbringen und Probleme deutlich machen,	nur auf die eigenen Bedürfnisse achten,
gemeinsame Wünsche beachten.	voreilige Schlüsse ziehen.

Die zwölf »Zutaten« der Konfliktlösung

❶ *Gegenseitige Achtung*

Wenn Sie sich selbst achten, werden Sie natürlich alle auftretenden Probleme, Schwierigkeiten lösen wollen und dabei sicherstellen, daß auch Ihre Wünsche und Bedürfnisse durch die Lösung befriedigt werden. Wenn Sie auch Ihren Gesprächspartner respektieren, werden Sie dafür sorgen wollen, daß seine Wünsche und Bedürfnisse ebenso berücksichtigt werden. Die gegenseitige Achtung bestärkt Sie darin, eine »Allegewinnen-Lösung« anzustreben.

❷ *Suchen Sie nach einem gemeinsamen Nenner*

Es ist sehr selten, daß zwei Menschen völlig unterschiedliche Ansichten und keinerlei Gemeinsamkeiten haben. Wenn Sie intensiv genug daran arbeiten, werden Sie bestimmt irgendwelche Berührungspunkte entdecken, auf denen sich eine Lösung aufbauen läßt.

❸ *Bedürfnisse, Wünsche und Sorgen feststellen*

In jeder Situation haben wir Bedürfnisse und Wünsche, die berücksichtigt werden müssen bzw. bei denen es wünschenswert ist, daß sie berücksichtigt werden, damit wir zufrieden sind. Wir haben auch Sorgen oder Bedenken in bezug auf Dinge, die aus unserer Sicht nicht passieren sollten, weil sie für uns oder für diejenigen, die wir vertreten, irgendwie nachteilig wären.

Genauso wie wir hat auch unser Gesprächspartner Bedürfnisse, Wünsche und Sorgen. Benutzen Sie Ihre Empathie, um herauszufinden, wo diese liegen. Wenn es möglich ist, fragen Sie ganz einfach danach.

Wenn Sie Ihre Bedürfnisse, Wünsche und Sorgen sowie diejenigen Ihres Gesprächspartners aufschreiben, werden in der Regel Gemeinsamkeiten deutlich. Bauen Sie darauf, so bilden Sie einen fruchtbaren gemeinsamen Boden. Eine Aussage wie: »Lee, wir beide wollen X, und ich glaube, daß uns ebenfalls daran liegt, daß Y nicht vorkommt«, kann zu einer fairen Diskussion führen. So können Sie beide partnerschaftlich daran arbeiten, den Konflikt oder das Problem zu lösen.

❹ *Das Problem oder die Streitfrage neu formulieren*

Wenn Sie absolut keine Übereinstimmung finden, versuchen Sie doch, das Problem oder die Streitfrage neu zu definieren. Eine neue Formulierung, eine andere Perspektive, eine andere Betonung können uns manchmal aus einer schwierigen Situation befreien.

❺ *Ein annehmbares Ergebnis für alle finden*

Was wollen Sie beide? Wenn Sie beide darin übereinstimmen, daß Sie gewinnträchtige Vertragsabschlüsse steigern wollen oder daß die Arbeitszufriedenheit und die Arbeitsplatzsicherheit in Ihrer Abteilung gesteigert werden soll, wird es einfacher sein, auf eine gemeinsame Lösung zu kommen. Sie haben dann einen gemeinsamen Rahmen und ein gemeinsames Ziel vor Augen.

❻ *Halten Sie Alternativen bereit, und bleiben Sie flexibel*

Selten gibt es nur eine Lösung für ein Problem. Wenn Sie das Problem nur im Rahmen konkurrierender Lösungen bzw. im Kontext von »Es gibt nur eine gangbare Lösung – meine« auffassen, wird es schwierig und eventuell sogar unmöglich sein, es zur allgemeinen Zufriedenheit zu lösen. Halten Sie also mehrere Lösungsmöglichkeiten, die für Sie annehmbar wären, bereit: je mehr, desto besser. Seien Sie sich aber auch gleichzeitig darüber im klaren, was Sie nicht akzeptieren können.

❼ *Bleiben Sie offen für neue Ideen*

Rigides Denken, »Scheuklappen«, vorgefaßte Meinungen – diese vernichten alle Versuche der Konfliktlösung. Die Wahrscheinlichkeit einer erfolgreichen Problemlösung wird bedeutend gesteigert, je mehr Sie das Problem an sich angehen und je mehr Sie nach Alternativlösungen suchen. So eröffnet sich Ihnen eine Vielfalt von Möglichkeiten, die Sie auch ausprobieren können.

Der Verstand ist wie ein Fallschirm – er funktioniert nur, wenn er geöffnet ist.

❽ *Seien Sie positiv*

Jawohl, Verhalten erzeugt Gegenverhalten, ebenso ist negatives Denken ansteckend. Negative Aussagen wie »Das wird nie klappen«, »Damit kommen wir nie im Leben weiter« oder »Sie liegen total falsch« ziehen eine kontraproduktive Spirale von Gegenangriffen und Auseinandersetzungen nach sich.

Wenn Sie jemandem widersprechen möchten, dann skizzieren Sie zuerst Ihre Gründe und schließen dann mit einem Satz wie: »Und deshalb kann ich diese Ansicht nicht teilen.«

Wenn sich die Diskussion im Kreis dreht und Ihnen nach einer Pause zumute ist, dann sprechen Sie dies auch direkt an: »Ich glaube, wir haben das Thema jetzt schon mehrfach angesprochen, vielleicht sollten wir erst einmal eine Pause einlegen.« Eine positive Vorgehensweise ist ebenfalls ansteckend. Alle positiven und auch neutralen Aussagen sollten als solche klar zu erkennen sein: »Ich stimme zu ...«; »Ich möchte da eine Frage stellen ...«; »Um dann zusammenzufassen ...«.

❾ *Gemeinsam das Problem lösen*

Holen Sie sich Ihren Gesprächspartner buchstäblich auf Ihre Seite. Wenn jemand neben Ihnen statt gegenübersitzt, wird es schwierig, sich mit ihm zu streiten. Dies gestattet, daß eine andere Einstellung oder Denkweise zum Vorschein kommt: »Wir arbeiten gemeinsam an einem Problem, das uns beide angeht, und versuchen, es zu lösen.«

❿ *Streichen Sie das Wort »aber« aus Ihrem Wortschatz*

Ersetzen Sie die Wörter »aber« und »obwohl« durch das Wort »und«: »Ich stimme zu und ...«; »Ich schätze Ihre Meinung und ...«

Das Wort »aber« stößt die Meinung des anderen beiseite. Dieses Wort verneint das vorhergehende: »Ja, ich verstehe schon Ihren Standpunkt, aber ...«; »Der Bericht war schon in Ordnung, aber ...«; »Sie haben gute Arbeit geleistet, aber ...« Das Wort »aber« ist für sehr viele Spannungen und Streitigkeiten verantwortlich. Streichen Sie es aus Ihrem Wortschatz! Das gleiche gilt für das Wort »obwohl«, denn dies ist nur eine längere Version von »aber«.

⓫ *Wenn Ihre Vorgehensweise nicht funktioniert, dann verändern Sie etwas*

»Das habe ich dir bestimmt schon zum tausendsten Mal gesagt!« Wenn es aber die ersten hundert Mal nicht funktioniert, dann ist die Wahrscheinlichkeit hoch, daß es auch dieses Mal nicht klappen wird. Versuchen Sie doch etwas anderes!

Wenn Sie mit den erzielten Ergebnissen nicht zufrieden sind, dann ändern Sie etwas: die Umgebung (gehen Sie woanders hin), Ihre Methode, Ihre Taktik, Ihren kommunikativen Stil. Es kommt dabei nicht darauf an, was Sie verändern, da das bisherige sowieso nicht funktioniert hat. Die Schlüssel dazu sind Empathie, Bezugsrahmen und Flexibilität.

⑫ *Tief einatmen*

Streß und Spannungen hemmen den Denkprozeß und verhindern, daß das Gehirn so leistungsfähig arbeitet, wie es eigentlich könnte. Sie brauchen aber Ihren ganzen Verstand, um Gespräche zu führen, um nach Alternativen zu suchen, um Empathie zu zeigen. Einmal oder auch mehrmals tief einatmen kann Wunder bewirken.

Sie haben nun zwölf »Zutaten« aus dem Rezept zur Konfliktlösung kennengelernt. Überdenken Sie alle noch einmal sorgfältig, und stellen Sie sich vor, wie Sie diese in Ihrem täglichen Leben einsetzen könnten. Beobachten Sie, wie diese von erfolgreichen Gesprächspartnern eingesetzt werden. Versuchen Sie diese dann selbst einzusetzen – die Ergebnisse werden Sie überraschen.

Kapitel 7
Kommunikation beruht auf Gegenseitigkeit

Wie wir schon in den Kapiteln 1 und 3 gesehen haben, ist Kommunikation ein zwischenmenschlicher Prozeß. Jeder kommunikative Vorgang – auch schriftlich – beinhaltet Interaktion.

Kein Tanz ohne Partner

Externe Hindernisse, wie zum Beispiel Lärm, müssen beseitigt werden. Interne Filter, wie unbegründete Annahmen, frühere Erfahrungen, eigene Vorstellungen, Erwartungen und Vorurteile, spielen ebenso eine Rolle. Unterschiede zwischen den Gesprächspartnern, wie zum Beispiel Alter, Geschlecht, Rasse, Bildung und Hobbys, wirken gleichfalls gegenläufig. Der »Kommunikationstanz« ist überaus kompliziert und läuft häufig unterschwellig ab.

48

Zwei entscheidende Komponenten des Kommunikationsprozesses, die wir gut beobachten und beeinflussen können, sind gute Informationen senden und empfangen. Es ist notwendig, gute Informationen zu geben, da wir darlegen müssen, wie die Dinge aus unserer Perspektive aussehen. Ebenso müssen wir gute Informationen zurückbekommen, um zu erfahren, wie es aus der Perspektive des anderen aussieht. Das Fundament dieser zwei Bestandteile ist gegenseitige Achtung.

Gegenseitige Achtung

Es gibt zwei Voraussetzungen, wenn wir den Respekt anderer Menschen erlangen wollen: Zuerst müssen wir Selbstachtung haben; zweitens müssen wir auch den anderen Menschen achten. Respekt zu zollen ist ein bewährtes Mittel, um Respekt zu erhalten. Respekt beruht ebenfalls auf Gegenseitigkeit.

Genau dies bedeutet gegenseitige Achtung: sich selbst und auch den anderen Menschen respektieren. Ohne diesen gegenseitigen Respekt kann keine erfolgreiche Kommunikation stattfinden.

Gute Informationen geben

Sie sind es sowohl sich selbst als auch Ihrem Gesprächspartner schuldig, Ihren Standpunkt klar und ruhig darzustellen und alle Tatsachen aus Ihrer Sicht heraus zu schildern. Das bedeutet: gute Informationen geben.

In den meisten Fällen hängt es davon ab, ob wir die Informationen in einer Form geben, die der andere Gesprächsteilnehmer annehmen kann. Dies geschieht, indem wir uns auf den anderen einstellen (das heißt, sehen, hören, spüren oder fühlen), und zwar auf eine respektvolle Weise, die ihn dazu motiviert, unbefangen zuzuhören.

Gute Informationen erhalten

Um gute Informationen zu geben, müssen Sie auch in der Lage sein, gute Informationen zurückzubekommen. Dies bedeutet in erster Linie eine gute Beobachtungsgabe, Zuhören, Empathie zeigen und gezielte Fragen stellen. Wenn Sie darauf achten, wie der andere sich gibt und wie er sich äußert, dann können Sie die Sache auch aus seiner Perspektive sehen (ohne unbedingt zuzustimmen bzw. ohne sich unbedingt zu identifizieren). Wenn Sie die Wünsche und Bedürfnisse des anderen in der jeweiligen Situation ermitteln, können Sie Ihre Informationen so geben, daß sie auch »ankommen«. Daraus folgt, daß gute Informationen geben und gute Informationen erhalten zwei voneinander abhängige Komponenten einer wirksamen Kommunikation sind.

In den folgenden zwei Teilen dieses Buches werden wir dies weiteruntersuchen.

Zweiter Teil
Gute Informationen senden

Die Angelegenheiten aus Ihrer
Perspektive darstellen

Kapitel 8
Elf Todsünden der Kommunikation

Elf kommunikative Todsünden
Sich herablassend benehmen
❶ Bewerten
❷ Trösten
❸ Den »Psychologen« spielen oder »etikettieren«
❹ Ironische Bemerkungen machen
❺ Übertriebene oder unangebrachte Fragen stellen
Signale setzen
❻ Befehlen und dem anderen keine Wahl lassen
❼ Den anderen bedrohen
❽ Ungebetene Ratschläge erteilen
Vermeidung
❾ Vage sein
❿ Informationen zurückhalten
⓫ Ablenkungsmanöver

Diese Verhaltenweisen werden als Todsünden bezeichnet, weil sie sehr schnell jegliche Kommunikation verderben. Sie führen zu Ratespielen, Mißverständnissen, Ärger, Frust und Gesprächsabbrüchen.

Leider müssen wir beobachten, daß diese »Sünden« jeden Tag begangen werden. Dadurch wird es uns leichtgemacht, sie ebenfalls zu begehen – so reden die Leute doch miteinander – oder? So sollten Sie aber nicht Ihre Gespräche führen, wenn Sie wollen, daß Ihre Kommunikation erfolgreich wird. Sie sollten jede »Sünde« nochmals lesen und sich überlegen, wann sie Ihnen schon einmal begegnet ist. Wie reagierten Sie darauf? Machen Sie den gleichen Fehler? Wann und mit wem?

Sich herablassend benehmen

Bewerten

Wenn wir uns ein positives oder negatives Urteil über jemanden erlauben, dann geschieht dies in der stillschweigenden Annahme, daß wir uns für etwas Besseres halten. Dies trifft ganz besonders dann zu, wenn wir andere ganz global und nicht spezifisch beurteilen. Phrasen wie »Du bist ein guter Mitarbeiter« oder »Du bist hoffnungslos« nützen nur sehr wenig, da es sich um sehr allgemeine Aussagen handelt, die der Empfänger nur als Behandlung »von oben herab« empfindet. Vermeiden Sie ebenso globale Beurteilungen von dem Typus »Du bist rücksichtslos« oder »Du mußt dich schon stärker engagieren, wenn du weiterkommen willst«.

> *Spezifizieren Sie Ihr Lob oder Ihren Tadel. Sagen Sie nie, was Sie mögen oder nicht mögen, ohne daß Sie dies auch begründen. Befassen Sie sich lieber mit Tatsachen, anstatt Meinungen und Deutungen zu verwenden. Benutzen Sie neutrale Wörter, und vermitteln Sie dem anderen durch Ihre Körpersprache, Ihren Tonfall und Ihre Wortwahl Ihren Respekt vor ihm.*

Trösten

Eine andere Form der Überheblichkeit ist, jemanden zu beruhigen, zu bemitleiden oder zu trösten.

>*Morgen sieht alles bestimmt ganz anders aus.*«

>*Mach dir keine Sorgen, es gibt am Himmel immer einen Silberstreifen, ich bin davon überzeugt, daß alles gut wird.*«

>*Dein Kummer nimmt mich so richtig mit.*«

Diese Bemerkungen sind oft nicht gerade hilfreich, da sie viel zu häufig falsch sind. Sie beinhalten auch, daß wir meinen, über die Lage eines anderen besser Bescheid zu wissen als er selbst. Wenn man es sich richtig überlegt, ist diese Form der Kommunikation geradezu beleidigend.

> *Begegnen Sie anderen Menschen aus einer Haltung der gegenseitigen Achtung. Reden Sie weder von »unten herauf« noch von »oben herab« mit anderen. So vermeiden Sie jegliche herablassende Wirkung. Meiden Sie auch Klischees und leere Beschwichtigungen.*

Den »Psychologen spielen« oder »etikettieren«

Sie haben sicher schon folgende Kommentare gehört:

> *»Das behauptest du nur, weil du einen Autoritätskonflikt hast.«*
>
> *»Ich glaube, du hast nicht ganz verstanden.«*
>
> *»Dein Problem ist ...«*
>
> *»Du hast doch Verfolgungswahn.«*
>
> *»Du bemühst dich einfach nicht genügend.«*

Diese Art von Bemerkungen sind Beispiele von »Etikettieren«. Diese Art der Kommunikation »jubelt uns hoch« und stuft den anderen Gesprächspartner herunter. Es ist gefährlich, andere Menschen oder ihr Verhalten mit einem Etikett zu versehen, da wir eigentlich nicht wissen, ob es wirklich stimmt. Meistens stimmt es nämlich nicht. Dennoch benehmen wir uns dem anderen gegenüber, als ob unsere Vermutung zuträfe. Dies kann natürlich zu den verschiedensten kommunikativen Problemen führen.

> *Widerstehen Sie der Versuchung, andere Menschen oder ihr Verhalten zu etikettieren. Wenn Sie etwas verändern wollen, das ein anderer sagt oder tut, dann beschreiben Sie Ihre Sicht klar und deutlich, ohne Deutung oder Bewertung. Bleiben Sie bei den Tatsachen, und gehen Sie eventuell auf die Wirkung ein, die das Verhalten auf Sie gemacht hat. Das sind legitime Argumente. Dagegen sind die Deutungen eines Amateurpsychologen niemals legitim.*

Ironische Bemerkungen machen

Obwohl sie teilweise durchaus zum Umgangston gehört, stellt Ironie eigentlich eine aggressive Herabsetzung des Opfers dar. Auch angeblich freundliches Scherzen kann danebengehen und zu verletzenden Gefühlen führen. Oft verhindern ironische Bemerkungen ein offenes Gespräch. Ironie gehört in die gleiche Rubrik wie Beleidigung, Verhöhnen und Beschämen – und führt auch zu den gleichen Ergebnissen.

Es ist meistens besser, das zu sagen, was man wirklich meint, anstatt es in eine ironische Bemerkung zu kleiden.

55

Übertriebene oder unangebrachte Fragen stellen

Niemand hat es gerne, wenn er verhört, geprüft oder »ausgequetscht«
wird. Mögen Sie das? Genau diesen Effekt erzeugt ein Bombardement von
Fragen, seien es offene Fragen, die vollständige Antworten verlangen,
oder geschlossene Fragen, die entweder mit »Ja« oder »Nein« bzw. einer
kurzen faktischen Angabe beantwortet werden können.

Wenn Sie eine Frage stellen, dann sorgen Sie für Blickkontakt, und zeigen
Sie durch Ihre Körpersprache, daß Sie zuhören – nicken Sie und bestätigen
Sie ab und zu. Beziehen Sie sich bei Ihrer Rückantwort wiederum auf etwas,
das der andere gerade gesagt hat, oder fassen Sie das eben Gesagte kurz
zusammen. Wenn Sie weitere Auskünfte benötigen, können Sie zu Ihrer
nächsten Frage weitergehen.

Wenn Sie allerdings sehr viele Fragen an jemanden haben, dann ist es
besser, ihn um Erlaubnis zu bitten: »Wenn Sie nichts dagegen haben, möchte ich Ihnen gern einige Fragen stellen.« Verknüpfen Sie jeweils die folgende
Frage mit der vorangegangenen Antwort, indem Sie kurz zusammenfassen.
Dies wird den »Stakkato- oder Maschinengewehreffekt« mindern.

Signale setzen

Befehlen

Befehlen bedeutet, daß Sie jemanden eine Anweisung so geben, daß ihm keine Möglichkeit zur weiteren Diskussion bleibt, er sich nicht weiter informieren kann, kein Raum bleibt, um abzulehnen oder gar zuzustimmen. Durch Ihren Befehl fühlt sich der andere eher wie eine Maschine denn als Mensch. Je nach Ihrer Position wird er entweder mit einer aggressiven Antwort oder mit widerstrebendem Gehorsam reagieren.

*Wenn Sie das nächste Mal geneigt sind zu sagen: »Sie müssen ...« oder »Hören Sie auf!«, dann hören **Sie** lieber auf. Suchen Sie nach einer besseren Möglichkeit, Ihre Botschaft mitzuteilen.*

Eine subtilere Form des Befehlens ist, den anderen »einzuspannen«. Damit ist gemeint, daß der andere höflich, aber bestimmt in eine Richtung gedrängt wird. Dies geschieht meist durch logische Argumente und Aussagen, die davon ausgehen, daß der andere stillschweigend annimmt, ohne daß ihm wirklich Gelegenheit gegeben wird, sich dazu zu äußern. Indem Sie dafür sorgen, daß die Unterhaltung sehr schnell vorankommt, wird der andere derart übertölpelt, daß er Ihrer Ansicht zustimmt.

Benutzen Sie Ihre Empathie, und drücken Sie Ihre Botschaft so aus, daß der andere leicht versteht, warum etwas getan oder unterlassen werden soll. Bieten Sie Verbesserungsvorschläge an. Konzentrieren Sie sich soweit wie möglich auf das Ergebnis, das Sie erzielen möchten, und überlassen Sie dem anderen die Modalitäten.

Wenn Sie sich dabei ertappen, daß Sie ein Gespräch schnell zu dem von Ihnen gewünschten Ergebnis führen, dann fragen Sie sich, ob Sie dabei den anderen in Ihre Richtung zwingen oder ihn einschüchtern. Wenn ja – wollen Sie dies wirklich tun? Wäre es für Sie nicht hilfreicher und auf längere Sicht auch besser für die zwischenmenschliche Beziehung, wenn Sie dem anderen aufmerksam zuhören würden?

Den anderen bedrohen

»Wenn du dies nicht machst ...« oder »Es wäre besser, wenn ...«: Drohungen dieser Art – entweder ausdrückliche oder subtile, zum Beispiel angedeutete »Entweder-oder-Botschaften« – sorgen dafür, daß Menschen argwöhnisch werden. Dies fördert die Kommunikation nicht gerade. Viele Menschen wehren sich gegen Drohungen. Sie suchen nach Möglichkeiten, nicht zu gehorchen.

Wenn gute Gründe dafür sprechen, daß jemand etwas tun bzw. lassen sollte, dann erklären Sie ihm dies. Sie können ihm auch mögliche Konsequenzen schildern, und zwar auf eindeutige und faire Weise. Ermuntern Sie ihn, anstatt ihn zu bedrohen.

Ungebetene Ratschläge erteilen

Wenn Sätze wie »Sie sollten ...«, »Sie müßten ...«, »Haben Sie auch versucht ...« oder »Wenn Sie auf mich hören, dann werden Sie ...« aus uns hervorsprudeln, dann laufen wir Gefahr, daß es so klingt, als ob wir moralisierten, predigten oder einen Vortrag hielten.

> *Wenn andere Menschen unseren Rat oder unsere Meinung hören möchten, dann lassen Sie sie auch zuerst danach fragen. Wenn wir ihnen unseren Rat aufzwingen, werden sie uns wahrscheinlich ignorieren. Was wir sagen, wird für sie nur leeres Geschwätz sein.*

Wenn Sie unbedingt einen ungebetenen Rat erteilen möchten, dann bitten Sie zuerst um Erlaubnis: »Hätten Sie etwas dagegen, wenn ich einen Vorschlag machen würde?« Oder »Möchten Sie gerne hören, wie ich damit umgehen würde?«

Vermeidung

Vage sein

Wenn wir nicht gleich zur Sache kommen, muß unser Gesprächspartner herumrätseln, was wir eigentlich meinen oder wollen. Da aber Gedankenlesen nicht allzuweit verbreitet ist, raten die meisten falsch!

»Vage sein« bedeutet auch, sich nicht zu seinen eigenen Botschaften zu bekennen. Sätze wie »Jeder weiß, daß ...« oder »Die meisten Menschen stimmen zu, daß ...« sind Beispiele dafür, wie man nicht sagt, was man selbst meint.

Spezifizieren Sie! Die Schlüssel dazu sind gegenseitige Achtung, Empathie, für sich selbst sprechen bzw. sich zu seinen eigenen Botschaften bekennen.

Informationen zurückhalten

Manche Menschen verbreiten Informationen auf der Basis von »Nur soviel wie notwendig«. Vielleicht hat diese Haltung früher funktioniert, aber heute müssen Menschen umfassend informiert werden, wenn sie ihre Arbeit richtig machen und erfolgreiche, vollwertige Mitglieder ihres Teams sein sollen. Informationen zurückhalten führt zu Machtspielen und falschen Überlegenheitsgefühlen anstatt zu einer erfolgreichen Kommunikation.

Falls Sie irgendwelche Informationen besitzen, die jemand anderem nützlich sein könnten, dann geben Sie diese auch weiter. Höchstwahrscheinlich werden Sie wiederum etwas Interessantes für sich selbst in Erfahrung bringen.

Ablenkungsmanöver

Wenn ein Gespräch sehr emotional oder persönlich wird, können sich andere Menschen unbehaglich fühlen und versuchen, wieder auf oberflächliche Themen zurückzukommen. Dies führt dazu, daß wir den Sprecher ablenken, das Thema wechseln oder in Klischees antworten.

> *Konzentrieren Sie sich auf Ihren Gesprächspartner, und benutzen Sie die Techniken für aktives Zuhören, die wir in Kapitel 17 noch ausführlich besprechen werden.*

Wir sind nicht gezwungen, jedes Mal, wenn wir uns mit jemandem unterhalten, ein tiefes, bedeutsames Gespräch zu führen. Andererseits gewähren uns manche Gespräche einen tiefen persönlichen Einblick, und dies sollten wir nicht stets automatisch ablehnen. Ein Teammitglied oder ein Kollege könnte andeuten, daß er etwas Persönlicheres mit uns besprechen will: Eine erfolgreiche Kommunikation wird dann nicht erreicht, wenn wir ihm die kalte Schulter zeigen.

Ist Ihnen bei der Bearbeitung der »kommunikativen Todsünden« aufgefallen, wie häufig die Wörter »Du« und »Sie« verwendet wurden? In Kapitel 11 werden wir näher untersuchen, inwieweit diese die Kommunikation behindern können.

> *Wenn Sie sich dabei ertappen, daß Sie eine dieser »Todsünden« begehen – aufhören! Atmen Sie tief durch. Versuchen Sie, sich anders auszudrücken.*

Kapitel 9
Richtig anfangen – denn dies bestimmt das Ergebnis

Sind Sie jemals mit beiden Füßen voran in eine Diskussion gesprungen, nur um festzustellen, daß Sie mit beiden in ein Fettnäpfchen getreten sind? Machen Sie sich darüber keine Sorgen – dieses Erlebnis ist den meisten Menschen bekannt. Es läßt sich aber vermeiden.

Solche Erlebnisse kommen zustande, wenn wir uns zuwenig um das »Was«, »Wie« und »Warum« eines Gesprächs kümmern, bevor wir es beginnen. Dies hat aber auch zur Folge, daß wir das von uns gewollte Ergebnis nicht erreichen. Wir setzen unsere Zeit unproduktiv ein und strapazieren unnötigerweise nicht nur unsere Nerven, sondern auch die unserer Gesprächspartner.

In Kapitel 1 lautete die vierte Grundregel der Kommunikation: Der Gesprächsbeginn bestimmt meistens das Gesprächsergebnis. Dennoch (und jetzt dürfen Sie auch ehrlich sein): Wie häufig überlegen Sie sich Ihre ersten paar Sätze, wenn Sie ein Gespräch beginnen?

Fangen Sie richtig an!

Wahrscheinlich wird Ihre Antwort ebenso lauten wie die der meisten vielbeschäftigten Menschen: »Sicher nicht so häufig, wie ich es eigentlich sollte.« Dabei können Sie sich Zeit und Frust ersparen, wenn Sie einige Minuten aufwenden, um sich Ihre Gesprächseröffnung zu überlegen.

Durchdenken Sie zuerst Ihr Vorhaben: Warum werden Sie dieses Gespräch führen? Was wollen Sie erreichen? Wie wollen Sie, daß das Gespräch verläuft?

Sobald Sie sich darüber im klaren sind, werden Sie in Ihren ersten Sätzen das Gesamtziel des Gesprächs sowie den geplanten Verlauf angeben können. Dies wird als »dem Gespräch einen Rahmen geben« bezeichnet: nachdenken, bevor Sie sprechen, damit Sie gleich richtig anfangen.

Der Gesprächsrahmen hilft Ihnen auf dreierlei Weise: Zuerst sorgt er dafür, daß Sie ein Gespräch zum gewünschten Ziel lenken können, ohne unnötig abzuschweifen. Dies spart Zeit und Streß. Zweitens hilft es Ihnen, die Erwartungen des anderen Gesprächsteilnehmers in Einklang mit Ihren zu bringen. Drittens gelingt es Ihnen besser, Ihre Informationen so zu geben, daß Ihr Gesprächspartner nicht gleich in die Defensive geht und so Teile Ihrer Botschaft ignoriert.

Geben Sie Ihren Gesprächen einen Rahmen

So wie ein Rahmen ein Bild umfaßt, umschließt auch eine »einrahmende« Aussage das nachfolgende Gespräch: Was wird bzw. wird nicht angesprochen; was wird bzw. wird nicht angestrebt? Genauso, wie ein Rahmen die

Wenn Sie eine einrahmende Aussage formulieren, beherzigen Sie das Prinzip »weniger ist mehr«, folgen Sie dem FKK-Prinzip: Fasse dich kurz und klar!

Aufmerksamkeit auf das eingefaßte Bild zieht, so lenkt eine einrahmende Aussage die Aufmerksamkeit auf die Hauptthemen des Gesprächs.

Einige Beispiele für »einrahmende« Aussagen

Eingrenzen	Feststellen, was erreicht werden soll:	»Heute werden wir uns nicht über Ihre Arbeitsleistung unterhalten, die im übrigen hervorragend ist, sondern über Fortschritte in unserem Verbraucherserviceprojekt.«
Rekapitulieren	Wichtige Ereignisse, die für dieses Gespräch relevant sind, nochmals Revue passieren lassen:	»Sal, ich möchte dich gerne auf X ansprechen, das wir im letzten Monat bei drei Gelegenheiten bereits andiskutiert hatten. Letztes Mal waren wir uns doch einig ...«
Absichten	Legen Sie Ihre Erwartungen an die Besprechung dar, und stellen Sie fest, ob die Erwartungen des anderen in etwa gleich oder ob Sie unterschiedlich sind:	»Chris, ich möchte gerne einige Beschlüsse und auch einen vorläufigen Plan, wie wir von jetzt an weiterverfahren sollten, festlegen. Wie klingt das aus deiner Warte?«
Vorgehensweise	Geben Sie einen Überblick über die Art von Informationen, die Sie vorstellen und besprechen möchten:	»Kim, ich möchte gerne unser monatliches Budget besprechen, insbesondere die Kostenstellen Gehälter und Löhne, Anmietungen, Beraterhonorare und Werbung.«
oder	Umreißen Sie den von Ihnen gewünschten Verlauf der Besprechung:	»Ich schlage vor, daß wir mit X anfangen, dann mit Y weitermachen und schließlich C besprechen. Wie finden Sie das?!«
Probleme	Benennen Sie die Bereiche, in denen das Problem auftritt, fassen Sie die Daten oder Fakten, so wie sie Ihnen erscheinen, in den jeweiligen Bereichen zusammen:	»Lee, ich möchte mich mit dir über Pünktlichkeit unterhalten. Nach meinen Unterlagen bist du im vergangenen Monat dreimal zu spät zur Arbeit bekommen. Auch deine Mittagspause hast du viermal überzogen. Ich habe dies überprüft, da mir Pünktlichkeit wichtig ist. Ich möchte die Probleme oder Schwierigkeiten, die diese Verspätungen vielleicht verursachen, mit dir jetzt besprechen. So können wir uns gemeinsam überlegen, wie das vermieden werden kann.«

Benutzen Sie diese verschiedenen Ansätze einzeln oder auch in Kombination, um eine bevorstehende Besprechung einzurahmen.

63

Übung macht den Meister – Einrahmende Aussagen

Einrahmende Aussagen zu formulieren ist eine Fähigkeit, die entwickelt werden kann. Die nachfolgend geschilderten Vorfälle werden Ihnen als Übungsmaterial dienen. Lesen Sie zuerst das jeweilige Beispiel durch, dann notieren Sie sich dazu eine kurze, einrahmende Aussage, mit der Sie dieses Gespräch eröffnen würden. Einige Musterantworten werden Sie im Anhang dieses Kapitels finden: Diese dienen aber nur als Beispiele – Ihre Antworten werden wahrscheinlich genauso gültig sein. Aber Sie sollten darauf achten, daß diese kurz gefaßt sind und daß Sie selbst auch wirklich hinter diesen Aussagen stehen.

1. Peter, ein Mitglied Ihres Teams, hat die Angewohnheit, während Ihrer Besprechungen fast die ganze Zeit mit seinem jeweiligen Nachbarn zu tuscheln. Dieses Verhalten nervt Sie, da Sie die Aufmerksamkeit und auch die Beiträge aller benötigen. Gleichzeitig sind Sie der Meinung, daß dies auch die anderen Teilnehmer stört. Sie eröffnen ein Vier-Augen-Gespräch mit Peter, indem Sie sagen:

   _____

   _____

   _____

2. Carla ist eine sehr fähige Mitarbeiterin. Leider hängt ein Teil Ihrer Arbeit davon ab, daß Carla ihre Arbeit zügig erledigt und an Sie weiterreicht. Sie hinkt damit aber häufig hinterher. Dies bedeutet, daß Sie wiederum Ihre Arbeit unter großem Zeitdruck fertigstellen müssen. Dies erhöht das Risiko, daß Sie Fehler machen bzw. daß Sie Ihre Abgabetermine überschreiten. Sie treten an Carla heran und sagen:

   _____

   _____

   _____

3. Die Geschäftsleitung spricht immer häufiger davon, daß mehr Arbeit innerhalb weniger Zeit erledigt werden soll. Manny ist Leiter einer anderen Abteilung in Ihrem Stockwerk. Ihre beiden Arbeitsteams arbeiten an verschiedenen Aspekten des gleichen Prozesses. Sie haben eine Besprechung mit Manny angesetzt, um zu erörtern, wie Ihre beiden Teams ihre Arbeit koordinieren könnten, um die Arbeit schneller voranzubringen. Sie eröffnen die Diskussion, indem Sie sagen:

_____

_____

_____

4. Sean ist Ihr Vorgesetzter. Sie haben ihm einen Vorschlag zur Genehmigung vorgelegt, der moderate Investitionen für Ihre Abteilung vorsieht. Sie hatten auch schon mehrere Besprechungen mit ihm, um die Einzelheiten durchzugehen. Aber Sie wissen, daß er Entscheidungen nur sehr langsam trifft, und in diesem Fall möchten Sie seine Entscheidung beschleunigen. Sie haben ihn um ein weiteres Gespräch gebeten, das Sie mit folgenden Worten eröffnen:

_____

_____

_____

5. Sie sind Leiter der Buchhaltung. In letzter Zeit schlagen die anderen Abteilungsleiter vor, daß Sie die Verkaufszahlen gerne schneller hätten. Sie haben die Mitarbeiter Ihrer Abteilung zu einer Besprechung zusammengerufen, um zu untersuchen, wie Sie das angehen könnten. Sie eröffnen die Sitzung, indem Sie sagen:

_____

_____

_____

6. Ihre Stellvertreterin Ellen ist im großen und ganzen sehr fähig. Sie machen sich aber darüber Sorgen, daß sie manchmal Routinetermine nicht einhält. Sie hatten dieses Problem bei früheren Gelegenheiten mit ihr erörtert (vor drei Monaten bei der Leistungsbewertung und ebenso im vergangenen Monat). Jedesmal hatte sie zugegeben, daß auch ihr dieses Problem bewußt wäre, und sie wollte sich bemühen, die Angelegenheiten besser zu organisieren. Seitdem aber hat sie keine Besserung gezeigt und im Verlauf der letzten Wochen wieder mehrere Termine versäumt. Sie eröffnen die Besprechung mit der Einleitung:

> *Wenn Sie eine Besprechung mit einer einrahmenden Aussage eröffnen, können Sie auch Pausen einlegen, um eine Antwort abzuwarten, oder Sie können sich dazu entschließen, gleich fortzufahren. Ihre Urteilskraft und die Beobachtung der Körpersprache des anderen werden Ihnen schon sagen, wie zu verfahren ist.*

Merken Sie sich den WHID-Faktor

In einem Gespräch sollten Sie sobald wie möglich, sogar in der einrahmenden Aussage, ein WHID einfügen: **W**as **h**abe **i**ch **d**avon? (Das »Ich« bezieht sich auf die andere Person: Warum sollte er zuhören? Welche Vorteile hat er davon?) Wenn Sie einen Grund zum Zuhören nennen können, dann werden Sie feststellen, daß die meisten Menschen auch bereitwilliger, mit mehr Begeisterung und Aufgeschlossenheit zuhören.

Dies könnte bedeuten, daß Sie diese Vorteile auch benennen. Es kann aber auch heißen, daß Sie etwas ansprechen, das Sie persönlich interessiert. Oder Sie appellieren an die Bereitschaft mitzuwirken. Ihre Kenntnis der jeweiligen Person und Situation wird Ihnen helfen, ein attraktives WHID anzubieten.

Übungen

Gehen Sie nochmals die sechs Übungssituationen durch. Notieren Sie nun die möglichen WHID, die Sie in dem jeweiligen Gespräch möglichst frühzeitig anbringen könnten (vielleicht bekommen Sie aus dem Anhang einige Anregungen).

Seien Sie einfühlsam bei der Benutzung eines WHID!

1. _____

_____

_____

2. _____

_____

_____

3. _____

_____

_____

4. _____

_____

_____

5. _____

_____

_____

6. _____

_____

_____

Anhang:
Musterlösungen zu den Übungen

Einrahmende Aussagen

1. »Peter, ich möchte mit dir über unsere Teambesprechungen reden. Mir ist aufgefallen, daß du dabei häufig mit deinem Nachbarn leise redest. Dies stört mich aber sehr, weil ich möchte, daß alle Beiträge vom ganzen Team gehört werden.«

   Sie haben dabei darauf verzichtet zu erwähnen, daß Peters Flüstern auch eine Störung für die anderen sein könnte, da dies nur Ihre Vermutung ist. Sie haben Peter gesagt, was Sie wollen, und nicht, was Sie nicht wollen.

2. »Carla, hättest du einen Moment Zeit? Ich möchte mich mit dir über etwas unterhalten, das mich sehr stört.«

   In diesem Fall könnten Sie eine »Ich-Aussage« anwenden (siehe Kapitel 11). Sie können Carla nicht zwingen, ihre Arbeitsgewohnheiten zu ändern, aber Sie können ihr klarmachen, wie Sie selbst dadurch beeinträchtigt werden.

3. »Danke, daß du gekommen bist, Manny. Wir wissen beide, daß die Geschäftsleitung den Zeitaufwand für verschiedene Prozesse reduzieren und gleichzeitig die Produktion erhöhen will. Ich glaube, wir beide könnten einen Plan entwickeln, um dies zu bewerkstelligen. Wenn du zustimmst, möchte ich gerne Möglichkeiten besprechen, wie wir zusammenarbeiten könnten, um die Bearbeitungszeit in unseren Abteilungen zu verringern. Wir könnten ein Brainstorming durchführen und dann vielleicht auch eine Besprechung unserer Arbeitsgruppen ansetzen, um herauszubekommen, welche Ideen unsere Mitarbeiter dazu haben. Wie findest du das?«

   Wichtig ist die Zusammenarbeit, um Verbesserungen zu erreichen.

4. »Sean, danke, daß du Zeit für mich hast, damit wir meinen Vorschlag für einige Anschaffungen besprechen können. Zuerst möchte ich dir erklären, warum ich diesen Vorschlag eingereicht habe, und vielleicht das Wesentliche zusammenfassen. Dann, hatte ich mir gedacht, könnten wir das Für und Wider meines Vorschlags besprechen und etwaige Bedenken, die du noch haben könntest, anmerken. Ich möchte dafür sorgen, daß du über sämtliche Informationen verfügst, die du für deine Entscheidung brauchst.«

Wir wollen einen sanften Druck auf Sean ausüben, ohne daß er sich in die Defensive gedrängt bzw. sich unbehaglich oder bedrängt fühlt.

5. »Danke, daß ihr gekommen seid. Ich habe euch hier zusammengerufen, um einige Anregungen zu bekommen, wie wir die Verkaufszahlen schneller an die einzelnen Abteilungen weitergeben könnten. Ich habe mit allen Abteilungsleitern gesprochen, diese stimmen darin überein, daß eine Verringerung der Rücklaufzeit von drei auf zwei Wochen für sie sehr vorteilhaft wäre. Zuerst möchte ich am Flipchart alle Faktoren auflisten, die uns bremsen. Wer hat einen Vorschlag?«

Beachten Sie, die Haltung ist hier ganz eindeutig nicht: »Ihr werdet es schneller oder besser machen müssen«, sondern: »Wie können wir uns verbessern?« Dies führt eher zu kooperativer Mitarbeit und Anregungen.

6. »Ellen, leider muß ich dich schon wieder wegen verpaßter Termine ansprechen. Als wir dieses Problem bei deiner Leistungsbewertung und auch im vergangenen Monat besprochen hatten, meintest du, du spürst selbst, daß du dich besser organisieren mußt. Ich würde gerne erfahren, welche Veränderungen du in deinen Arbeitsgewohnheiten gemacht hast. Vielleicht kann ich dir ja auch in einigen Punkten behilflich sein. Aber wir müssen uns wirklich damit befassen.«

Wir behandeln dies als ein Problem, das gemeinsam gelöst werden muß. Was hat sie getan, um sich besser zu organisieren? Welche Unterstützung könnte sie von Ihnen brauchen? Wenn sie sich inzwischen tatsächlich besser organisiert hat, gibt es irgendeine andere Erklärung für die verpaßten Termine?

WHID

Hier sind einige WHID, die Sie schon früh im Gespräch einbringen könnten:

1. (Für Peter): stärker von den anderen Mitgliedern des Teams respektiert bzw. akzeptiert werden; von Ihnen nicht mehr zurechtgewiesen werden.

2. (Für Carla): reibungsloserer Durchlauf der Arbeit durch die Abteilung; persönlich stolz darauf sein, Termine einzuhalten; Ihnen behilflich sein (es war Carla vielleicht nicht bewußt, daß sie Ihnen Schwierigkeiten bereitet hat). Zumindest werden Sie sich besser fühlen, daß Sie Ihrem Ärger Luft gemacht haben.

3. Sowohl Sie als auch Manny werden bei der Geschäftsleitung Punkte für Ihre Verbesserungsvorschläge sammeln; (für Ihre Mitarbeiter): Die Teilnahme an Entscheidungsprozessen erhöht die Arbeitszufriedenheit.

4. Wenn Sean Ihr Vorhaben genehmigt, wird dies die Produktivität Ihrer Abteilung steigern, dadurch wird auch sein Ansehen steigen. Er wird keine Bedenken bezüglich seiner Entscheidung haben, da er über alle benötigten Informationen verfügen wird.

5. (Für Ihre Mitarbeiter): Indem Sie unnützen Aufwand und unrationelle Arbeit und Engpässe eliminieren, werden ihre Aufgaben leichter und weniger stressig; sie erhalten Gelegenheit, an der Verbesserung des Gesamtprozesses mitzuwirken, der auch Ihre Tätigkeiten betrifft.

6. Eine Chance für Ellen, sich in dem einzigen Kritikpunkt ihrer Arbeitsleistung zu verbessern und hervorragend in allen Aspekten ihrer Tätigkeit zu werden; eine Chance, eine wichtige Schlüsselqualifikation zu verbessern (Selbstorganisation).

Kapitel 10
Treffen Sie die richtige Wortwahl

Wörter

Wie wir schon gesehen haben, beinhaltet jede Botschaft wesentlich mehr als nur die Wörter, die wir verwenden. Damit wird aber nicht gesagt, daß Wörter unwichtig sind – ganz im Gegenteil.

Wir können Worte wählen, die aggressiv oder konziliant, neutral oder emotional, klar oder vage, höflich oder herausfordernd sind, je nachdem, was wir erreichen wollen. Wir haben die Wahl.

> *Sie sollten Ihre Worte sorgfältig wählen, da diese sich auf die von anderen empfangene Botschaft auswirkt: Benutzen Sie keinesfalls Worte wahllos oder nur gewohnheitsmäßig.*

Die Macht der Wörter

Nehmen wir an, Sie wollen einem Mitarbeiter erklären, daß seine schnelle, abrupte Art am Telefon eventuell einen schlechten Eindruck bei den Kunden hinterlassen könnte. Sie könnten sich etwa folgendermaßen äußern:

> *»Jan, du bist zu abrupt am Telefon. Du mußt dir ein wesentlich professioneller wirkendes Auftreten aneignen – ab sofort!«*

Diese Vorgehensweise wird Jan eher verletzen als ihn dazu ermuntern, etwas sanfter am Telefon zu wirken. Außerdem mangelt es dieser Aussage auch an Eindeutigkeit: Würde Jan zustimmen, daß er abrupt wirkt? Was genau bedeuten »abrupt« und »professioneller«? Es ist unwahrscheinlich, daß Jan mit Absicht unprofessionell oder abrupt ist. Daher ist es eigentlich zwecklos, ihm das eine oder das andere zu untersagen. Außerdem klingt »ab sofort« viel zu barsch und ist ungeeignet, die Ergebnisse herbeizuführen, die Sie wünschen. »Befehlen« gehört, wie Sie sich erinnern werden, zu den elf Todsünden der Kommunikation.

Fangen wir das Gespräch mit einem »Rahmen« an:

> *»Jan, ich mach' mir Sorgen über die Art, wie du mit unseren Kunden am Telefon sprichst. Ich möchte dies mit dir besprechen, hast du gerade einen Augenblick Zeit?«*

Wir können unsere Aussage noch stärker präzisieren, indem wir zum Beispiel sagen:

> *»Mir ist aufgefallen, daß du recht schnell sprichst, und ich mache mir Sorgen, daß es für manche der Kunden schwierig sein könnte, dir zu folgen; schließlich hast du ihnen gegenüber einen Wissensvorsprung. Du bist auch sehr effizient und faßt dich immer sehr kurz, wobei du meistens nur das Endergebnis angibst. Aber ich glaube, es wäre für die Kunden nützlicher, wenn du ihnen mehr Hintergrundinformationen geben könntest.«*

Diese Gesprächseröffnung benutzt eine »ichbezogene« Sprache (siehe Kapitel 11) und gibt gleichzeitig Verbesserungsvorschläge (siehe Kapitel 13). Dies wird eher dazu führen, daß Jan sich etwas umgänglicher gibt.

Die einzige Person, die sich dazu entschließen kann, seinen Telefonstil zu ändern, ist Jan. Ein Befehl wird daher nichts nützen. Sie können ihm nur einen Rat geben und vielleicht auch die Konsequenzen schildern, die sich ergeben könnten, wenn er seinen Telefonstil ändern bzw. nicht ändern sollte.

Worte können einen positiven oder negativen Einfluß ausüben

Führungskräfte verbringen viel Zeit damit, andere Menschen zu beeinflussen und deren Arbeitsweise sowie deren Verhalten im Betrieb zu modifizieren. Dies geht manchmal nicht ohne negative Beurteilungen, die den betreffenden Menschen mitgeteilt werden müssen.

Wenn man versucht, einen anderen Menschen zu beeinflussen, besteht die natürliche Tendenz, »Signale zu setzen« – eine der drei Hauptgruppen der kommunikativen Todsünden. Es ist nur allzu leicht, überheblich zu werden, zu befehlen oder zu drohen oder ungebetene Ratschläge zu erteilen.

Wir könnten nur allzuleicht eine überlegene, gönnerhafte Haltung einnehmen, was zu einem herablassenden Verhalten führen würde – eine weitere Hauptgruppe der Todsünden. Die anderen Sünden der Bewertung und Etikettierung folgen schnell hinterher.

Dies passiert auch, wenn wir versuchen, uns oberflächlich freundlich und hilfsbereit zu geben. Unterschwellig werden wir bewertend, überlegen und selbstgerecht sein. Je schwieriger oder ausgiebiger die Interaktion ist und je weniger Sympathie wir für den anderen Menschen empfinden, desto ausgeprägter werden diese unterbewußten Motive. Die Kommunikation wird anfangen zusammenzubrechen.

Unsere Energie wird sich auf das »Gewinnen« konzentrieren. Anstatt zuzuhören, bereiten wir bereits die nächste Entgegnung vor, während der andere spricht. Der Frust wird sich steigern. Die Gesprächspartner werden einander zunehmend kritischer betrachten. Die jeweilige Einstellung dem anderen gegenüber wird lauten: »Ich habe recht, und du hast ganz eindeutig unrecht. Du bist unmöglich, stur oder ganz einfach blöd.«

Hören Sie mit Empathie und Verständnis zu, um die Dinge aus der Perspektive des anderen zu sehen.

Das Ergebnis einer solchen Diskussion wird sein: Abwehr, Wut, Aggression, zerstörte gegenseitige Achtung; ein schwacher Kompromiß oder die Niederlage eines der Kontrahenten wird die Folge sein. Der Verlierer wird vielleicht diese Schlacht, aber nicht den ganzen Krieg verloren haben.

Wie können wir dies vermeiden? Dies setzt den Wunsch, gute Informationen zu bekommen und auch zu geben sowie einige Fähigkeiten voraus: aktives Zuhören, wirkliche gute Informationen geben können sowie Fertigkeiten im Konfliktlösen. In diesem Kapitel werden wir die Wörter untersuchen, die wir benutzen, um gute Informationen zu geben.

Rahmen Sie Ihre Botschaften sorgfältig sein. Übermitteln Sie diese in objektiver oder beschreibender Weise, in neutraler Sprache und in einem neutralen, nicht anklagenden Tonfall.

Benutzen Sie neutrale Wörter

Welcher Unterton schwingt bei den folgenden Wortpaaren mit:

modisch	jetzt in aller Munde
Eintagsfliege	sehr populär
abrupt	schnell, rasant
unzuverlässig	schwankend
verschwommenes Denken	unklar

Die Begriffe links haben alle einen negativen Unterton, während die rechts neutral, sachlich oder eher beschreibend sind.

Gleiches gilt für Sätze, die wir wählen. Schauen Sie folgende Beispiele an:

Du bist faul und verantwortungslos.	Du bist diese Woche schon dreimal zu spät zur Arbeit gekommen, und obwohl dein Korb voller Arbeit ist, liest du Zeitung.
Du hast unrecht.	Ich bin anderer Meinung.
Diese Zahlen sind Schrott!	Ich möchte gerne wissen, wie diese Zahlen entstanden sind.
Hör auf, mich zu unterbrechen!	Pat, jetzt rede ich. *Oder:* Pat, laß mich bitte zu Ende reden.

Benutzen Sie eine neutrale Sprache und einen neutralen Tonfall.

Wir können Sätze auswählen, die emotionsgeladen sind bzw. eine negative Beurteilung beinhalten, oder wir können neutrale Aussagen wählen.

Ebenso können wir einen aggressiven Ton wählen oder einen, der neutral und höflich ist.

> *Halten Sie inne, und überlegen Sie, bevor Sie sprechen – besonders dann, wenn Sie verärgert oder wütend sind. Wie könnten Sie Ihre Botschaft vermitteln, damit Abwehr und Auseinandersetzungen vermieden werden?*

Die Reaktion auf ein negatives, emotionsgeladenes Wort, einen Satz mit negativem Beiklang sowie auf einen aggressiven Tonfall unterscheidet sich wesentlich von der Reaktion auf neutrale, sachliche, beschreibende Wörter bzw. Sätze und einen neutralen Tonfall. Das erstere ruft wahrscheinlich Abwehr, Widerwillen und sogar Feindseligkeit hervor – daraus könnte sogar ein richtiger Streit entstehen. Das letztere bewirkt meistens Aufmerksamkeit, Sich-informieren-Lassen und die Bereitschaft, Probleme anzugehen.

Treffen Sie eine eindeutige Wortwahl

Wenn wir ein Wort benutzen, wissen wir, was wir damit meinen. Aber wissen dies auch die anderen?

> *Sowohl Humpty Dumpty als auch die Herzenskönigin behaupten: »Ein Wort bedeutet genau das, was ich will, das es bedeutet – nicht mehr und nicht weniger.« (Alice im Wunderland) – Und genau so ist es.*

Leider gibt es oft große Unterschiede zwischen dem, was wir meinen, und dem, was andere dabei verstehen. Betrachten Sie zum Beispiel das Wort »Ordnung«, und notieren Sie die Bedeutung, die dieses Wort für Sie hat:

Sicher haben Sie mehrere Synonyme oder Bedeutungsnuancen für dieses Wort gefunden (einige davon finden Sie im Anhang auf Seite 84).

Wir meinen so oft, daß wir »wissen«, oder? Versuchen Sie jetzt, möglichst viele Synonyme für das Wort »schlagen« zu finden:

Wieder gibt es zahlreiche Synonyme und Bedeutungsnuancen – einige finden Sie im Anhang dieses Kapitels (s. Seite 84).

Wörter können zu Unsicherheit in der Kommunikation führen. Wählen Sie daher solche, die den Anforderungen der »sechs K« gerecht werden:

Klar
Kurzgefaßt
Komplett
Kooperativ
Korrekt
Konkret

Wörter müssen **klar** sein. Sie müssen sich bewußtmachen, was Sie wollen bzw. was Sie mitteilen möchten. Wählen Sie daher Wörter, die anderen die Botschaft klar und deutlich übermitteln.

Benutzen Sie das FKK-Prinzip: Fassen Sie sich kurz und klar. Fassen Sie sich kurz, damit Ihre Zuhörer das Interesse nicht verlieren und ihre Aufmerksamkeit nicht abschweift. In der Regel können wir uns nur sieben (+/– zwei) Informationsinhalte auf einmal merken. Bürden Sie daher dem anderen nicht noch mehr Wörter auf.

Gleichzeitig sollten Sie sich aber so **komplett** wie möglich ausdrücken. Stellen Sie Fragen als Gegenkontrolle, um zu überprüfen, ob Sie auch verstanden worden sind. Beobachten Sie die Körpersprache des anderen, um Hinweise dafür zu erhalten, ob Sie zu viele oder zu wenige Informationen anbieten.

Seien Sie **kooperativ,** denn Verhalten erzeugt Gegenverhalten. Seien Sie **korrekt** und **konkret,** um Verwechslungen zu vermeiden.

Wenn Sie vermuten, daß der Inhalt Ihrer Botschaft oder Ihre Absicht mißverstanden werden könnte, dann stellen Sie eindeutig klar, was Sie meinen, beabsichtigen oder erwarten. Überlassen Sie es nicht dem Zufall.

Bitten Sie auch um Rückmeldungen, damit Sie feststellen können, ob die empfangene Botschaft auch Ihrer Intention entspricht.

Sprechen Sie deutlich und langsam

Da Sie nun schon Wörter ausgewählt haben, die klar, kurz gefaßt, komplett, kooperativ, korrekt und konkret sind, sprechen Sie diese auch deutlich und langsam genug aus, damit sie auch verstanden werden können.

Sorgen Sie dafür, daß Ihre Worte präzise, einprägsam und wirkungsvoll sind

Wenn Sie beachten, was wir bisher besprochen haben, dann wird die empfangene Botschaft auch der von Ihnen beabsichtigten entsprechen. Die nächste Aufgabe besteht nun darin, Ihre Wörter so zu wählen, daß diese überzeugend sind und Durchschlagskraft sowie Nachdruck besitzen. Es gibt sechs spezifische Maßnahmen, die Sie ergreifen können.

Mit Worten Bilder malen

Bilder sprechen für sich. Die meisten Menschen neigen dazu, in Bildern zu denken. Nutzen Sie diese Erkenntis aus. Verwenden Sie Ihre Wörter so, daß Bilder entstehen. Helfen Sie den anderen, daß sie Ihre gedanklichen Bilder nachvollziehen können. Dies gilt ebenso für Gefühle, Empfindungen und Geräusche. Benutzen Sie Wörter, um die Bilder, Gefühle und Geräusche zu erzeugen, die Sie wollen. Überlassen Sie nichts dem Zufall, wenn es sich vermeiden läßt.

> *»Ich möchte, daß unsere Kunden sich wie Gäste bei uns zu Hause fühlen«*
> *ist präziser und einprägsamer als »Sei nett zu den Kunden«.*

Unterstützen Sie Ihre Worte mit visuellen Hilfsmitteln

Erzählen Sie, aber zeigen Sie auch etwas her. Wenn wir etwas hören, spricht die Wahrscheinlichkeit dafür, daß wir uns nach einem Tag an ungefähr 10 bis 15 Prozent davon erinnern können. Wenn wir etwas sehen, werden wir 30 bis 35 Prozent behalten. Lassen Sie uns beides addieren, und wir werden eine Kommunikation erreichen, die gut in Erinnerung bleibt.

Weitere interessante Zahlen sind: 83 bis 87 Prozent von allem, das unser Gehirn aufnimmt, gerät dorthin auf visuellem Weg; nur 11 Prozent kommt auf akustischem Weg. Das bedeutet: »Die Augen essen mit.« Steigern Sie die Kraft Ihrer Worte, indem Sie auch die Augen einbeziehen. Für eine präzise und einprägsame Kommunikation sollten möglichst viele Sinne angesprochen werden.

Veranschaulichen Sie

Zeigen und erzählen Sie nochmals. Dieses Mal so, daß die anderen sehen können, was passiert, wie etwas genau funktioniert oder wie exakt etwas gemacht werden muß. Dies wiederum ist eine sehr einprägsame Kommunikationsform.

Geben Sie Beispiele

Beispiele prägen sich gut ein. Menschen finden eher ein Verhältnis zu solchen Beispielen und können sich auch besser an diese erinnern, als wenn sie nur sehr trockene Erläuterungen und Angaben erhalten.

Sprechen Sie die Sprache, die der andere versteht

Formell	Informell
Fachsprache	Umgangssprache
Lange Wörter	Kurze Wörter

Alle Menschen haben ihre eigentümlichen Sprechweisen. Wenn Sie ähnliche Worttypen einbeziehen, werden Sie es den anderen erleichtern, Sie zu verstehen, sich mit Ihren Botschaften auseinanderzusetzen, und macht es leichter für sie, Ihre Botschaft so zu empfangen, wie Sie es beabsichtigen.

Benutzen Sie ähnliche Formulierungen wie Ihr Gesprächspartner

Beobachten und hören Sie zu, wie Ihr Gesprächspartner Wörter einsetzt und Sätze formuliert. Das Neurolinguistische Programmieren (NLP) zeigt uns, daß wir auf vier Grundarten der Wahrnehmung beim Kommunizieren achten sollen.

Der Begriff »Neurolinguistisches Programmieren« setzt sich aus drei Teilen zusammen. »Neuro« steht für neurologisch, damit sind Prozesse auf der körperlichen Ebene gemeint. »Linguistisch« bezieht sich auf Sprache, und »Programmieren« weist auf unsere inneren Denkprogramme hin. NLP untersucht also die vielfältigen Zusammenhänge zwischen Körper, Sprache und Denken.

1. Visuell (sehen)

   Die Wörter, die visuell orientierte Menschen benutzen, vermitteln viele Bilder. Typisch für sie ist folgende Aussage: »Wie siehst du das?«

   Visuell orientierte Menschen:
   - schauen häufig nach oben, während sie denken,
   - reden schnell und in einer höheren Tonlage,
   - gestikulieren mit den Händen,
   - atmen schnell, flach oder unregelmäßig, oben im Brustkorb.

2. Auditiv (hören)

   Auditiv orientierte Menschen benutzen stark lautmalerische Wörter: Der Klang ist für sie wichtig. Typisch für sie sind Äußerungen wie: »Wie klingt das für dich?«

   Auditiv orientierte Menschen:
   - schauen viel zur Seite, während sie denken,
   - reden mit Resonanz, langsam und in einer tieferen Tonlage,
   - gestikulieren mit ihren Händen in Bauchhöhe,
   - atmen langsam und gleichmäßig, aus der Mitte des Brustkorbs.

3. Kinästhetisch (fühlen, berühren)

Kinästhetisch orientierte Menschen verwenden häufig Wörter, die sich auf körperliche Empfindungen und Berührungseindrücke beziehen. Berühren ist für sie wichtig. Eine typische Frage für sie wäre: »Wie fühlt sich das an?«

Kinästhetisch orientierte Menschen:
- schauen nach unten und nach rechts, wenn sie sich etwas überlegen,
- sprechen in tiefen Tönen,
- gestikulieren viel, wobei sie ihre Hände tiefer halten und sich dabei oft berühren,
- atmen aus dem Bauch heraus.

4. Logisch, analytisch

Die Wörter der logisch orientierten Menschen vermitteln den Eindruck von Nachdenken und Reflexion. Die Wörter an sich sind bedeutend. Eine typische Frage für sie wäre: »Ergibt das für dich einen Sinn?«

Logisch orientierte Menschen:
- schauen beim Denken nach unten und nach links,
- sprechen in wohlmodulierten, langsamen, tiefen Tönen,
- benutzen wenig Gestik.

Dies beschreibt nicht die vier verschiedenen Charaktertypen, sondern die vier häufigsten Methoden, die Menschen benutzen, um Informationen zu vermitteln. Die meisten von uns benutzen diese Repräsentationssysteme in unterschiedlichen Kombinationen.

Wir haben aber alle ein bestimmtes Repräsentationssystem, das wir bevorzugen und dem wir mehr Vertrauen schenken. Wir müssen uns aber in allen vier bewegen können, damit wir flexibel mit anderen kommunizieren können.

Visuelle Wörter

Wenn Sie diese visuellen Wörter allein oder in Zusammenhängen benutzen, dann beobachten Sie dabei die Augen eines visuell orientierten Menschen:

Ziel	Voraussicht	Überblick	Erscheinen	Rahmen
Leere	verschwommen	Glanz	Perspektive	Muster
nebelhaft	Durchsehen	strahlend	Bild	klar
beleuchten	porträtieren	kristallklar	Illusion	reflektieren
Sonnenaufgang	Bildnis	sehen	vorstellen	Skizze
Finsternis	Einsicht	starren	sich vorstellen	schauen
passend	aufklären	adrett	Blitz	verdunkeln
vage	Brennpunkt	enttäuschen	überschauen	Ausblick

Auditive Wörter

Achten Sie darauf, wenn diese auditiven Wörter für sich alleine oder im Zusammenhang benutzt werden, und beobachten Sie dabei die Augen eines auditiv orientierten Menschen:

Beifall	schreien	hören	laut	Debatte
erwähnen	ankündigen	verschreien	dämpfen	artikulieren
schreiben	abstimmen	Dialog	Beiklang	Geplapper
Mißklang	vorschlagen	schlagen	diskutieren	Frage
erhört werden	Dissonanz	Abweisung	Musik	Echo
widerhallend	Brummen	ausrufen	Erwiderung	anrufen
schnappen	Akkord	stöhnen	sprachlos	klicken
murren	reden	Kontakt	Harmonie	Melodie

Kinästhetische Wörter

Hören Sie auf diese kinästhetischen Wörter, wie sie allein oder in Sätzen benutzt werden. Beobachten Sie dabei die Augen eines kinästhetisch orientierten Menschen:

aktivieren	selbstzufrieden	fummeln	aufregen	aktiv
Verbindung	ergreifen	bewegen	köstlich	Hand
gespannt	ernüchtert	anfassen	Unterstützung	fahren
glücklich	balancieren	verbinden	hungrig	vermischen
emotional	aufprallen	Wonne	energisch	reizen
blockieren	Gleichgewicht	Bindeglied	berühren	reiben
lose	Zusammenprall	fallen	manipulieren	ruhig
frustriert	Massage	tragen	Finger	krabbeln

Logische, analytische Wörter

Logische, analytische Wörter rufen eher ein Nachdenken hervor als Bilder, Geräusche oder Sinneseindrücke. Obwohl sehr spezifisch, logisch und akkurat, können sie sehr »trocken« wirken. Beobachten Sie die Augen eines logisch bestimmten Menschen.

handeln	erdenken	wissen	mehrdeutig	überlegen
lernen	schätzen	entscheiden	motivieren	assoziieren
unterscheiden	wahrnehmen	Bewußtsein	deutlich	nachdenken
bewußt	betonen	vorhergehen	glauben	Erfahrung
vortäuschen	vermengen	erzeugen	Vorgang	erreichen
raten	lesen	stornieren	unempfindlich	abrufen
Wahl	integrieren	erkennen	verstehen	begreifen

Ein Name mag zwar auch nur ein Wort sein, aber frei nach Dale Carnegie: Es gibt kein Wort, das einen süßeren Klang hat als der eigene Name. Dale Carnegie hatte recht. Wenn Sie einen anderen mit Namen ansprechen, so erhalten Sie dessen Aufmerksamkeit. Es stimmt ihn positiv ein, sowohl auf Sie als auch auf Ihre Mitteilung. Übertreiben Sie es aber nicht. Wenn Sie den Namen des anderen zu häufig verwenden, wird dies nur zu einer billigen, fadenscheinigen Taktik.

Anhang:
Synonyme und Bedeutungsnuancen

»Ordnung«		
geordneter Zustand	Reihe	Reihenfolge
das Ordnen	Formation	Zucht
gesund sein	Regel	Gehorsam
Gesetz	Vorschrift	Disziplin
keine Probleme	aufgeräumt	Benehmen
Klasse	größere Einheit (Biol.)	Stufenfolge
einwandfreier Zustand	Aufbau	System

»Schlagen«		
prügeln	verprügeln	zuschlagen
hauen	verhauen	zusammenschlagen
sich balgen	raufen	boxen
rangeln	schneiden	abhauen (Brennholz)
einen Baum fällen	töten (Raubtiere)	singen (Vögel)
bilden (Falten)	formen	treiben (Blech)
prägen (Münzen)	Schaum machen (Sahne)	Töne erzeugen
eine Wunde zufügen	jemandem gleichen	

Kapitel 11
Sprechen Sie für sich selbst, nicht für die ganze Welt

Ich-Sprache und Selbstbehauptung

Eine wichtige Fähigkeit, um gute Informationen zu geben, also Dinge aus Ihrer eigenen Perspektive darzustellen, ist die Fähigkeit, sich selbst zu behaupten. Die Verwendung einer ichbezogenen Sprache ist ein wichtiger Aspekt der Selbstbehauptung, denn es bedeutet: »Für sich selbst sprechen, nicht für die ganze Welt«. Wenn Sie »ich« sagen, können Sie auf sehr klare und deutliche Weise kommunizieren. Ihre Gesprächspartner müssen dann nicht auf der Hut sein, wenn sie mit Ihnen reden. Sie müssen nicht erraten, was Sie wirklich meinen.

Bekennen Sie sich zu Ihren Botschaften

Sicher haben Sie schon die Satzeinleitung gehört: »Jeder weiß, daß ...« Sie ist ein Beispiel dafür, sich nicht zu seiner eigenen Botschaft zu bekennen. Oft verstecken sich Menschen mit ihrer Meinung hinter der anderer. Dagegen sind »Ich denke ...« und »Ich glaube ...« Beispiele dafür, zu seiner eigenen Botschaft zu stehen.

Sprechen Sie für sich selbst

Wenn Sie nicht gerade offizieller Sprecher einer Gruppe sind, dann sind Ausdrücke wie »Wir meinen ...« oder »Wir hätten gerne ...« Beispiele dafür, daß Sie versuchen, für alle zu sprechen. Sie verstecken das, was Sie sagen wollen, hinter dem, was andere denken oder wollen könnten. Dagegen sprechen Aussagen wie »Ich meine ...« oder »Mir scheint es ...« für Sie selbst.

Stellen Sie »echte« Fragen

Menschen können sich auch hinter sogenannten »Scheinfragen« verstekken. In Gesprächen wimmelt es gerade davon, und zwar dermaßen, daß wir die Scheinfragen in sechs Kategorien einordnen können.

Suggestivfragen

Diese Fragen schränken die Antwortmöglichkeiten ein oder begrenzen sie und verleiten den Gesprächspartner dazu, daß er die von Ihnen gewünschten Antworten gibt.

> *»Meinen Sie nicht, daß ...«*
>
> *» ..., richtig?«*
>
> *»Würden Sie nicht lieber ... (dieses oder jenes tun ...)?«*

Was wir aber wirklich mit solchen Fragen meinen, ist: »Ich meine ...« oder »Laß uns dies oder jenes tun ...«.

Schuldandeutende Fragen

Diese Fragen weisen indirekt (und auf scheinbar harmlose Weise) auf eine Schwäche des anderen hin oder entlarven Fehler, die dieser gemacht hat.

> *»Hattest du nicht gesagt, daß ... (und schau, wie unrecht du hattest!)«*

> *»Wann hatten Sie heute eigentlich angefangen?«* (Vor dem Chef, mit dem Wissen, daß der Betreffende zu spät kam.)

> *»Wenn ich mich recht daran erinnere, hatten Sie ... (der fehlgeschlagenen Maßnahme) doch zugestimmt.«*

Hypothetische Fragen

Diese Fragen stellen eine indirekte Art dar, eine Aussage zu machen, also quasi »durch die Hintertür«.

> *»Wenn du hier das Sagen hättest, würdest du nicht ...?«*

Was wir hier wirklich meinen, ist: »Wenn ich hier das Sagen hätte, würde ich es auf diese Weise machen ...«

Imperativfragen

Diese Fragen verkleiden eine Forderung oder einen Befehl in eine scheinbare Bitte.

> *»Haben Sie etwas bezüglich ... unternommen?«*

> *»Wann werden Sie mit ... fertig sein?«*

> *»Wann werden Sie anfangen ...?«*

In Wirklichkeit meinen wir damit: »Ich meine, Sie sollten sich inzwischen um ... gekümmert haben« oder »Ich hoffe, daß Sie ... fertiggestellt haben« oder »Ich glaube, Sie sollten es möglichst bald machen«.

Verschleiernde Fragen

Statt von vorneherein anzugeben, was wir denken oder wollen, fragen wir den anderen, was er denkt oder will (in der Hoffnung, daß er mit uns übereinstimmen wird).

> *»Wohin willst du gehen?«*

> *»Was sollten wir, deiner Meinung nach, als erstes tun?«*

> *»Was möchtest du machen?«*

In Wirklichkeit meinen wir: »Ich möchte dorthin gehen« oder »Ich glaube, als erstes sollten wir X tun« oder »Machen wir dies«.

»Einrichtungs«-Fragen

Es handelt sich hier um doppeltgemoppelte Suggestivfragen, die meistens an Untergebene gestellt werden; erst richten wir sie auf, dann machen wir sie »nieder«. (Geschickte Manager können dies auch mit Gleichgestellten machen und haben damit sogar eine ganze Weile lang Erfolg.)

> *»Stimmen Sie nicht zu, ... (daß Pünktlichkeit wichtig ist) ...?«*

> *»Warum sind Sie dann heute zu spät gekommen?«*

Solche Pseudofragen stimmen Menschen unbehaglich und sorgen dafür, daß Sie auf Abwehr schalten, denn intuitiv wissen Sie, daß sich hinter solchen Fragen oft mehr versteckt.

Wenn Sie nicht für sich, sondern »für die ganze Welt sprechen« oder Scheinfragen stellen, dann werden Ratespiele, Abwehrhaltung, irrtümliche Annahmen und Kommunikationsstörungen das Ergebnis sein.

Zu einer klaren Kommunikation hingegen führen: sich zu den eigenen Botschaften bekennen, »echte« Fragen stellen, zum Beispiel um Informationen einzuholen, zur Verdeutlichung oder um nachzuprüfen, ob man auch wirklich verstanden worden ist. Dies sind Fähigkeiten, die auf der Basis von Empathie, Rapport und Respekt vor anderen aufgebaut werden müssen.

Diese Fähigkeiten fordern den gegenseitigen Austausch von Gedanken, Meinungen und Überzeugungen. Sie sorgen dafür, daß Informationen fließen, und verhindern widersprüchliche Botschaften. Dies führt dazu, daß gute Informationen gesendet und empfangen werden. Sie gehören zu einer Reihe von Fähigkeiten, die alle unter die Überschrift »Selbstbehauptung« eingeordnet werden können.

Geben Sie gute Informationen – behaupten Sie sich

Alle Menschen sind von Geburt an mit Instinkten ausgestattet. Wir atmen; wir schließen unsere Augen und gehen in Deckung oder schützen unsere Köpfe, wenn etwas durch die Luft auf uns zufliegt; wir stehen und kämpfen, oder wir laufen weg, wenn wir uns bedroht fühlen.

Indem wir Selbstbehauptungsfähigkeiten lernen, können einige Instinkte ausgeschaltet werden. Genauso, wie wir lernen können, einen Ball zu fangen, ohne daß wir unsere Augen schließen, in Deckung gehen oder unsere Köpfe schützen. Es wäre wahrscheinlich unmöglich zu lernen, unseren Atem so lange anzuhalten, bis wir tot umfallen – dazu ist der Selbst-

erhaltungstrieb zu stark ausgebildet. Andererseits können wir durchaus lernen, einen Schnorchel oder eine Sauerstoffmaske zum Atmen zu benutzen. Wir können lernen, auch den stärksten Instinkt zu modifizieren.

In ähnlicher Weise können wir Selbstbehauptungsfähigkeiten erlernen und sie benutzen, um auch instinktives Kampf- bzw. Fluchtverhalten entweder auszuschalten oder zu modifizieren.

Dieses instinktive Verhalten war für unsere früheren Vorfahren lebenswichtig; ist aber heutzutage nur begrenzt nützlich, da die lebensbedrohlichen Situationen, auf die diese Instinkte abgestimmt waren, verhältnismäßig selten sind.

Der **Kampfinstinkt** führt zu aggressivem Kommunikationsverhalten: zu einem Gewinner-Verlierer-Verhalten. Er führt zu Aggression, Wut und Unwillen.

Der **Fluchtinstinkt** führt zu einem passiven, unterwürfigen Kommunikationsverhalten: zum Verlierer-Verlierer-Vermeidungsverhalten oder Verlierer-Gewinner-Nachgiebigkeitsverhalten. Dies führt zu unguten Gefühlen und schadet den Verhältnissen.

Selbstbehauptung ist eine Fähigkeit, die erlernt werden muß. Sie ist nicht angeboren, anders als Aggression und Unterwerfung. Die Selbstbehauptung zu beherrschen ist aber eine notwendige Bedingung für wirkungsvolle Kommunikation.

Selbstbehauptungsfähigkeiten

Wenn Menschen anfangen, selbstbehauptende Kommunikation einzuüben, dann überschreiten sie häufig die Grenze zur Aggression. Es scheint, als ob sie derart begeistert sind von ihrer erst entdeckten Fähigkeit, ihren eigenen Standpunkt zu vertreten, daß sie vergessen, daß andere Menschen auch das gleiche Recht haben. Die Empathie und die gegenseitige Achtung, die ebenfalls zur Selbstbehauptung gehören, werden häufig außer acht gelassen.

> *Wenn Sie Ihre Selbstbehauptungsfähigkeiten entwickeln wollen, lesen Sie die Beschreibung dieser Fähigkeiten auf der folgenden Seite. Beobachten Sie Menschen, während diese kommunizieren. Wählen Sie ein, zwei oder drei Personen aus, die sich nach Ihrer Meinung im Gespräch behaupten.*

Wenn Sie lernen wollen, sich durchzusetzen, dann beginnen Sie am besten in Ihrer gewohnten Umgebung und mit Leuten, die in der Lage sind, Sie darauf hinzuweisen, wenn Sie die Grenze zur Aggression überschritten haben.

Sich selbst behauptende Menschen werden Sie an ihrer ichbezogenen Sprache erkennen (»Ich meine«, »Ich fühle«, »Ich brauche«, »Ich will«) sowie an ihren kurzen, klaren und direkten Aussagen; an ihren Vorschlägen, die nicht belastet sind mit »Ratschlägen«, »Befehlen«, »sollte« oder »müßte«; an ihrem Interesse für andere Menschen; an ihrer konstruktiven Kritik, frei von Schuldzuweisungen oder unfundierten Annahmen; an ihrer gelassenen, flexiblen und offenen Haltung; an ihrer Selbstsicherheit und ihrer Akzeptanz anderer Menschen und divergierender Meinungen. Solche Kommunikationsweisen sind das Kennzeichen von Menschen, die sich durchsetzen können, sich also selbst behaupten.

Selbstbehauptungsfähigkeiten und Körpersprache

- *Sich verbal behaupten:*

  Aussagen machen, die ehrlich, klar, kurz und zutreffend sind.

  »Ich-Mitteilungen« benutzen: »Ich möchte ...«, »Ich schätze ...«, »Ich meine ...«

  Zwischen Tatsachen und Meinungen unterscheiden.

  Bitten und nicht befehlen.

  Verbesserungsvorschläge machen und keine ungebetenen Ratschläge oder Befehle geben.

  Konstruktiv kritisieren, frei von Schuldzuweisungen, Annahmen oder »sollte«.

  Fragen stellen, um die Gedanken und Gefühle der anderen in Erfahrung zu bringen.

  Sowohl die Rechte anderer als auch Ihre eigenen Rechte respektieren.

  Im Konfliktfall zwischen den Bedürfnissen zweier Parteien vermitteln, gegenseitige Achtung zeigen und nach für beide annehmbaren Lösungen suchen.

- *Sich nonverbal behaupten:*

  Adäquaten Blickkontakt herstellen.

  Aufrecht und bequem sitzen bzw. stehen.

  Frei gestikulieren, um die eigenen Bemerkungen zu unterstützen.

  Eine offene, ruhige und entspannte Mimik zeigen: Lächeln Sie, wenn Sie zufrieden sind; verziehen Sie eine Miene, wenn Sie sich ärgern.

  Mit einem deutlichen, gleichmäßigen, entschlossenen Ton sprechen.

  In einem ruhigen, gleichmäßigen Tempo sprechen, Schlüsselwörter betonen, mit wenig unbeholfenem Zögern.

- *Menschen, die sich selbst behaupten können, werden häufig mit folgenden Adjektiven beschrieben:*

ehrlich	tolerant	vertrauensvoll
gelassen	freudig	Führungspersönlichkeit
anpassungsfähig	zuversichtlich	erwachsen
offen	zuverlässig	um das Wohl anderer besorgt

> Benutzen Sie sich selbst behauptende Menschen als Modelle. Beobachten Sie, was diese sagen und wie sie es sagen. Beobachten Sie deren Körpersprache. Machen Sie es ihnen nach.

Sie sollten immer daran denken, daß es wichtig ist, die geschilderten Techniken so einzusetzen, daß Ihr Respekt vor dem anderen deutlich wird und er Ihre Bereitschaft erkennt, auch seine Ansicht anzuhören. Nur Ihre Ansichten gelten zu lassen ist aggressiv, nicht sich selbst behauptend.

> Wenn Sie sich in einer Situation befinden, wo Sie sich behaupten müssen, fragen Sie sich, wie Ihre »Modelle« sich verhalten würden. Machen Sie es dann genauso. Ein guter Wahlspruch dabei ist: »So lange üben, bis es klappt!«

Lassen Sie sich nicht ablenken

Wenn jemand Ihre Hauptaussage ignoriert oder versucht, Sie abzulenken, dann könnten Sie die »Kaputte-Platte-Technik« anwenden. Wiederholen Sie einfach in aller Ruhe Ihre Hauptaussage, und zwar so lange wie notwendig, bis diese Gehör findet. Zwischendurch können Sie durchaus Ihr Verständnis für die Positionen des anderen betonen, um klarzustellen, daß Ihnen diese nicht entgangen ist. Aber dann wiederholen Sie wieder Ihre Hauptaussage.

Dies soll nicht bedeuten, daß das, was der andere zu sagen hat, beiseite geschoben wird; aber genausowenig sollten Sie das, was Sie zu sagen haben, beiseite schieben lassen.

Lee: *»Sam, ich möchte mit dir über deine Pünktlichkeit sprechen. Wie du weißt, wir haben es ja schon zweimal besprochen, kann ich es mir nicht leisten, daß du morgens zu spät kommst.«*

Sam: *»Ach, wegen heute morgen, das tut mir leid. Ich hatte ein Problem mit meinem Auto. Es hat mir in letzter Zeit sehr viele Schwierigkeiten gemacht, und ...«*

93

Lee: »*Das verstehe ich. Trotzdem, ich brauche dich morgens pünktlich hier.*«

Sam: »*Ja, aber ich arbeite doch immer meine Mittagspause durch.*«

Lee: »*Ja, das schätze ich auch. Aber ich brauch' dich nun mal morgens pünktlich hier.*«

Sam: »*Aber Jane kam gestern auch zu spät, und du hast ihr nichts gesagt.*«

Lee: »*Jane hat mir vorher mitgeteilt, daß sie später kommen wird. Sam, wie kannst du es schaffen, daß du in Zukunft morgens immer pünktlich hier bist?*«

Das Ziel dieser Technik ist, sich Gehör für Ihr Anliegen zu verschaffen, ohne daß Sie sich jemanden zum Feind machen.

Die »Kaputte-Platte-Technik« ist auch eine gute Möglichkeit, »nein« zu sagen, ohne sich mit jemandem anlegen zu müssen.

Tony: »*Jane, könntest du mir dabei helfen, diesen Bericht zusammenzustellen?*«

Jane: »*Leider kann ich nicht. Ich stecke bis hierher in Arbeit und versuche noch, einen Abgabetermin um 16 Uhr einzuhalten.*«

Tony: »*Aber meine Sache dauert nicht lange.*«

Jane: »*Das verstehe ich, aber ich kann mich trotzdem nicht dadurch aufhalten lassen.*«

Tony: »*Aber bitte, Jane, ich wäre dir unheimlich dankbar.*«

Jane: »*Ich kann dir im Moment wirklich nicht helfen.*«

Sie können jemandem nicht dafür böse sein, daß er Sie um etwas bittet. Trotzdem haben Sie das Recht, »nein« zu sagen.

Suchen Sie nach einem Kompromiß

In Kapitel 6 sahen wir, wie Lösungen erreicht werden können, bei denen beide gewinnen. Manchmal ist es besser, nicht einfach »nein« zu sagen, sondern sich partnerschaftlich zu geben oder nach einem Kompromiß zu suchen, der beiden hilft. Bisweilen kann man dies im Zusammenspiel mit der »Kaputte-Platte-Technik« einsetzen.

Tony: »Jane, könntest du mir dabei helfen, diesen Bericht zusammenzustellen?«

Jane: »Leider kann ich nicht. Ich stecke bis hierher in Arbeit und versuche noch, einen Abgabetermin um 16 Uhr einzuhalten.«

Tony: »Aber meine Sache dauert nicht lange.«

Jane: »Das verstehe ich, aber trotzdem kann ich mich jetzt nicht dadurch aufhalten lassen. Morgen werde ich wohl etwas Zeit haben, um dir zu helfen, wenn du möchtest.«

Tony: »Ach, bitte, Jane! Ich habe versprochen, bis morgen früh den Bericht fertig zu haben.«

Jane: »Ich werde dir gerne helfen, wenn ich meine eigene Arbeit zum Termin um 16 Uhr fertiggestellt habe. Wie wäre das?«

Tony: »Danke, Jane, das finde ich toll von dir!«

Manchmal werden andere Menschen Sie angreifen oder Sie kritisieren. Kritik ist häufig wertvoll, da sie Ihnen auch wichtige Informationen liefern kann, die Sie sich vielleicht durch den Kopf gehen lassen sollten.

Wenn Sie näher auf die Kritik eingehen müssen, vielleicht, um zu erfahren, ob es sich für Sie lohnt, Sie anzuhören, dann kann die Technik der »Negativen Fragestellung« oft sehr nützlich sein, um ganz spezifische Informationen zu ermitteln. Hinterfragen Sie die kritischen Äußerungen Ihres Gesprächspartners, bis diese für Sie eindeutig werden.

Chris: »Pat, du hättest eine gründlichere Arbeit bei diesem Bericht leisten sollen.«

Pat: »*Ich bin mir nicht so ganz sicher, was du mit ›gründlicher‹ meinst, Chris.*«

Chris: »*Tja, im Grunde genommen möchte ich eine detailliertere Ausführung darüber, wie du zu deinen Schlußfolgerungen gekommen bist.*«

Pat: »*In Ordnung. Diese Angaben kann ich leicht hinzufügen. Gibt es sonst noch etwas, das ich machen könnte, um den Bericht zu verbessern?*«

Chris: »*Vielleicht wären noch mehr Beispiele günstig.*«

Pat: »*Das geht. Ich kann hinten ein paar Grafiken als Anhang hinzufügen. Würde das reichen?*«

Chris: »*Ja, ich glaube, das würde alles abdecken. Ich möchte den Bericht bis Freitag haben. Meinst du, das wäre möglich?*«

In Kapitel 19 finden Sie mehr zum Thema »Durch Fragen für mehr Klarheit sorgen«.

Lassen Sie sich nicht in unerwünschte Diskussionen verwickeln

Manchmal wollen wir uns an einer Diskussion nicht beteiligen – zumindest nicht zu diesem Zeitpunkt, oder vielleicht stimmen wir der Kritik nicht zu, wollen aber eine Auseinandersetzung vermeiden: »Du bist ...«, »Nein, bin ich nicht!«, »Ja, bist Du doch ...«

In solchen Fällen kann die »Vernebelungstechnik« eingesetzt werden. Wenn Sie eine Kritik »vernebeln«, räumen Sie ein, daß diese vielleicht stimmt (vielleicht aber auch nicht). Zum Beispiel:

Fred: »*Paul, der Vortrag, den du vor dem Vorstandskomitee abgehalten hast, war schwach!*«

Paul: »*Vielleicht hätte ich ihn wirklich verbessern können.*«

Fred: »*Und wie! Mensch, der ging aber danebon!*«

Paul: »*Ich verstehe, was du meinst.*«

Fred: »Ja, der war aber langweilig.«

Paul: »Ich sehe schon ein, daß du meinen Vortrag langweilig gefunden
          hast. Vielleicht werde ich ihn nächstes Mal ein wenig aufpolie-
          ren.«

Fred: »Hoffentlich machst du das!«

Manchmal ist es nützlich, das Wesentliche der Kritik zuerst zu wiederholen. Bei anderen Gelegenheiten kann die Kritik durchaus berechtigt sein,
wir wollen sie aber gerade in diesem Augenblick nicht besprechen. In
solchen Fällen kann die Technik der »Negativen Selbstbehauptung« von
Nutzen sein.

Um zu verhindern, daß Sie in eine lange Diskussion verwickelt werden,
bestätigen Sie die Kritik, ohne ihr etwas hinzuzufügen oder ihr zu widersprechen.

Fred: »Paul, deine Ansprache vor dem Vorstandskomitee war
          schwach!«

Paul: »Das weiß ich.«

Fred: »Mensch, ging die daneben!«

Paul: »Ich habe sicher bessere Reden gehalten.«

Fred: »Die war so langweilig!«

Paul: »Ja, und ich weiß, was ich nächstes Mal machen werde, um sie
          interessanter zu gestalten.«

Fred: »Das freut mich!«

Reden Sie selbstsicher über sich selbst

Fähigkeiten zur Selbstbehauptung eignen sich nicht nur, um unberechtigte
Forderungen abzuwimmeln oder mit Kritik fertig zu werden. Sie können
uns auch helfen, über uns selbst, unsere Gedanken und unsere Gefühle zu
sprechen.

Wir haben bereits den Bereich »Sich zu seinen eigenen Botschaften bekennen« untersucht. Dem können wir noch hinzufügen »Sich zu den eigenen Gefühlen bekennen.« Hier folgen einige Beispiele:

»Ich habe den Eindruck, wir drehen uns im Kreise. Vielleicht sollten wir uns um einen anderen Ansatz bemühen.«

»Ich könnte gerade jetzt eine Pause vertragen. Wie steht's mit euch?«

»Da komme ich nicht ganz mit, was du sagen willst.«

»Ich bin verwirrt.«

»Ich bin eigentlich ziemlich verärgert darüber und würde das gerne nachher mit dir besprechen.«

»Ich habe den Eindruck, ich werde hier in die Ecke gedrängt. Ich brauche schon etwas Zeit, um mir deine Forderung zu überlegen.«

»Im Augenblick paßt es mir nicht ganz, das gerade jetzt zu besprechen. Hättest du etwas dagegen, wenn wir uns später darüber unterhalten könnten?«

Anderen mitzuteilen, wie wir etwas erleben, ist häufig ein hilfreiches Mittel, um steckengebliebene Diskussionen voranzubringen, um Beziehungen zu festigen, um Aufgaben zu erfüllen.

Selbstsichere Kommunikation ist mehr als nur eine Ansammlung von Techniken. Sie besteht aus einer Reihe von Fähigkeiten, die alle auf gegenseitiger Achtung basieren. Sie beinhaltet das Geben und Erhalten von guten Informationen, die Fähigkeit zu sagen, wie es bei Ihnen aussieht, und ebenso die Bereitschaft zuzuhören, wie es beim anderen ausschaut.

> *Für sich selbst sprechen; sich zu seinen eigenen Botschaften bekennen; mit Kritik fertig werden; »nein« sagen, wenn es Ihnen paßt; Respekt vor dem anderen zeigen: All diese Fähigkeiten können jeden Kommunikationsvorgang dramatisch verbessern.*

Kapitel 12
Verkleiden Sie Ihre Meinungen nicht als Tatsachen

Ein gelehrter Mann verdeutlichte einmal den Unterschied zwischen Tatsachen, Phantasie und Dichtung. »Tatsachen«, sagte er, »sind Tatsachen. Obwohl wir uns gerne etwas anderes vortäuschen, sind noch lange nicht so viele Tatsachen im Umlauf, wie wir vielleicht meinen würden.«

Meinungen sind das, was er als Phantasie bezeichnete. »Wir haben die schlechte Gewohnheit«, fuhr er fort, »unsere Meinungen als Tatsachen zu verkleiden. Das sind sie aber nun einmal nicht: sie sind nur Meinungen, unsere eigenen kleinen Phantasien.

Dichtung ist das, was uns vom Hörensagen bekannt ist: Klatsch und Tratsch, die Gerüchteküche. Und wie wir alle wissen«, sagte er, »ist das meiste davon erdichtet.«

Seine Ratschläge lauten:

1. Überzeugen Sie sich, daß Ihre Tatsachen wirklich stimmen, und geben Sie niemals etwas als Tatsache an, wenn dies nicht zutrifft.

2. Wenn Sie eine Meinung äußern, dann lassen Sie Ihre Zuhörer auch wissen, daß es sich um Ihre Meinung handelt. Bekennen Sie sich dazu. Verkleiden Sie diese nicht als Tatsachc.

3. Verbreiten Sie keine Gerüchte.

4. Wenn Ihnen jemand etwas erzählt, dann hören Sie aufmerksam zu, und stellen Sie Fragen, damit Sie es als Tatsache, Phantasie oder Dichtung einordnen können.

Das soll aber nicht heißen, daß Meinungen wertlos sind. Sie sind wichtig. Wenn wir keine Meinungen hätten, könnten wir keine Entscheidungen treffen. Für uns als Führungskräfte ist es wichtig, daß wir auch die Meinungen der anderen kennenlernen. Sie sind wichtige Informationsquellen und sollten berücksichtigt werden. Diese sollten Sie aber nicht als Tatsachen verkaufen bzw. mit Tatsachen verwechseln.

Es liegt in der Verantwortung des Senders, zwischen Tatsache, Phantasie und Dichtung zu unterscheiden. Dies klingt ganz gut in der Theorie; in der Praxis geschieht es selten. Daher müssen wir aufpassen. Als Empfänger ist es wichtig, daß wir aufmerksam zuhören und gezielte Fragen stellen, damit wir zwischen Tatsachen, Phantasie und Dichtung unterscheiden können. Der Unterschied könnte wichtig sein.

Geben Sie Annahmen ausdrücklich zu erkennen

Während wir dabei sind, zwischen Informationsebenen zu unterscheiden, sollten wir auch die allgegenwärtige Annahme nicht vergessen. Es ist ungeheuer leicht, von Annahmen eingenommen zu werden und diese wie Tatsachen zu behandeln. Manche teure und auch peinliche Fehlentschei-

dung basierte auf irrigen Annahmen, die niemand überprüft hatte. Um Annahmen zu überprüfen, müssen diese zuerst eindeutig formuliert werden. Dies fällt nicht gerade leicht, denn die meisten Annahmen werden spontan und unbewußt gemacht, und zwar als Versuch des Gehirns, Ordnung in verwirrende und häufig widersprüchliche Informationen zu bringen.

Stellen Sie sich immer wieder die Frage: »Von welchen Annahmen gehe ich hier aus? Gibt es eine Möglichkeit, sie zu überprüfen? Sind andere Menschen involviert, die wahrscheinlich von den gleichen Annahmen ausgehen, oder könnten diese zu anderen Annahmen kommen? Hätte eine Reihe anderer Annahmen genausoviel Gültigkeit?«

Kapitel 13
Bitten – nicht befehlen

Wir haben schon gesehen, wie befehlen, fordern, kommandieren, Druck ausüben usw. eher Widerstand hervorruft. Dies kann überwunden werden, wenn an die Stelle von »befehlen« »bitten« tritt.

»Bitten – nicht befehlen« basiert auf gegenseitiger Achtung. Die Tür bleibt für Diskussionen offen, und es gibt die Möglichkeit, sich zu arrangieren oder einen Kompromiß zu finden. Denn auch der andere hat Wahlmöglichkeiten.

Sie wollten aber keine Wahl- oder Optionsmöglichkeiten zulassen? Da haben Sie eigentlich keine Wahl! Denn Optionen oder Wahlmöglichkeiten existieren immer. Andere können Ihrer Bitte nachkommen oder auch nicht. Das einzige, was Sie machen können, ist, die Konsequenzen zu schildern, wenn Ihrer Bitte bzw. Ihrem Befehl nicht Folge geleistet wird.

Es könnte sogar notwendig werden, stark aufzutreten und die sogenannte »Veränderungs-Zeit-Konsequenz-Formel« einzusetzen:

Veränderung	»Wenn nicht *diese* Veränderung
Zeitpunkt	bis zu *diesem* Zeitpunkt,
Konsequenz	dann ergibt sich *diese* Konsequenz.«

So bleibt es dem anderen Menschen freigestellt, sich zu entscheiden, ob er sein Verhalten ändern will. Er wird seine Entscheidung dann zumindest auf der Basis ausreichender Informationen treffen.

Wenn aber »befehlen« Widerstand hervorruft, warum nicht lieber »bitten«? Als guter Gesprächspartner möchten wir doch den Weg des geringsten Widerstandes einschlagen.

Diese Gewohnheit läßt sich leicht antrainieren:

Anstelle von: »Ich will das bis mittag fertig haben!« versuchen Sie zu sagen: »Ich müßte das wirklich bis mittag fertig haben. Meinst du, du könntest es bis dahin schaffen?« (Wenn der betreffende Gesprächspartner »nein« sagt, dann müssen Sie mit ihm einen Kompromiß aushandeln oder versuchen, seine Prioritäten anders zu gewichten.)

Anstelle von: »Mach das nicht!« sagen Sie: »Du wirst es einfacher (oder sicherer) finden, wenn du es so machst.«

Anstelle von: »Ich hasse es, wenn du das machst!« versuchen Sie: »Hättest du etwas dagegen, statt dessen lieber X zu machen?« oder »Ich hätte es lieber, wenn du statt dessen X machen würdest.«

Bitten Sie immer, befehlen Sie niemals. Bieten Sie Verbesserungsvorschläge an. Verwandeln Sie Beschwerden in Bitten.

Keine Forderungen, keine Befehle, keine Drohungen – weniger Widerstand. Sie werden bald sehen, wie gut das funktioniert.

Verwenden Sie »Ich-Aussagen« für wichtige Angelegenheiten

Eine weitere Möglichkeit, zu bitten, anstatt zu befehlen, ist, eine »Ich-Aussage« zu verwenden. Dies ist eine weitere Technik der Selbstbehauptung. Ich-Aussagen stellen eine Möglichkeit dar, das Verhalten des anderen zu beschreiben oder festzuhalten; und anzugeben, wie es Sie tangiert bzw. warum es von ausgesprochener Bedeutung für Sie ist. Eine Bitte in Form einer Ich-Aussage ist sehr wirksam und hat eine bessere Aussicht auf Erfolg als ein Befehl, eine Drohung, eine Beschwerde oder eine Andeutung.

Ich-Mitteilungen helfen Ihnen, Ihren Standpunkt gelassen auszudrücken, ohne jemanden zu beschuldigen oder ihm auf die Zehen zu treten, was zum Beispiel der Fall wäre, wenn man ihn auffordern würde, sich zu bessern.

Ich-Aussagen helfen Ihnen, klar und geschickt zu kommunizieren, auf eine Weise, die den anderen nicht argwöhnisch oder defensiv stimmt. Sie erhöhen die Wahrscheinlichkeit, daß Sie das Ergebnis erreichen, das Sie wollen.

Ich-Aussagen

1. Schritt: Geben Sie an, was Sie sehen oder hören oder was Sie als Tatsache ansehen (ohne Beschuldigungen – neutrale Wörter verwenden): »*Wenn Du* ...«

2. Schritt: Sagen Sie, was Sie dabei empfinden, wie Sie sich dabei fühlen (nicht, was Sie denken): »*Ich bin* ... *(frustriert, verärgert, wütend, erregt, überglücklich, verletzt).*«

3. Schritt: Geben Sie an, warum es Ihnen wichtig ist: »*Weil* ...«

Wenn Sie sich über jemanden ärgern oder ihn bitten wollen, etwas zu unterlassen, verwenden Sie eine Ich-Aussage.

Im ersten Schritt müssen die Tatsachen oder das Verhalten in spezifischen, neutralen, nicht bewertenden Wörtern beschrieben werden. Überzeugen Sie sich davon, daß das Verhalten, das Sie beschreiben, wirklich objektiv wahrnehmbar und nicht nur eine Deutung von Ihnen ist.

Sprechen Sie im zweiten Schritt über die Auswirkungen, die das Verhalten auf Sie persönlich hat: nicht, was Sie darüber denken (»Ich denke, das war total verantwortungslos von dir«) Äußern Sie Ihre Gefühle (»Ich fühle mich ganz schön im Stich gelassen«). Wenn aber die Worte »Ich fühle« durch »Ich denke« austauschbar sind, fangen Sie wieder von vorne an.

> »Ich habe das Gefühl, du bringst nicht deine volle Leistung« = »Ich denke, du bringst nicht deine volle Leistung«. Ja, aber wie *fühlen* Sie sich denn dabei: enttäuscht, wütend, hätten Sie am liebsten den Betreffenden nicht in Ihrem Team?

Anschließend erläutern Sie im dritten Schritt die Konsequenzen oder greifbaren Auswirkungen des Verhaltens. Seien Sie deutlich, höflich und objektiv. Dies bedeutet: keine Forderung oder Drohung, wie etwa » ... und wenn du damit nicht aufhörst ...«, sondern informieren Sie: »Wenn sich dies bis zu diesem oder jenem Zeitpunkt nicht gebessert hat, werde ich dich schriftlich verwarnen müssen« oder »Ich mache mir Sorgen, daß unsere Kunden das falsch verstehen könnten und wir dadurch an Umsatz verlieren«. Diese Informationen helfen dem Betreffenden, sich zu entscheiden, ob er sein Verhalten ändern will oder nicht.

Bei einfacheren Sachverhalten kann auch eine Variante der Ich-Aussage angewendet werden.

Alternative Ich-Aussage

1. Schritt: Sagen Sie das, was Sie sehen oder hören oder was Ihnen als Tatsache erscheint: »*Wenn du ...* »

2. Schritt: Geben Sie wieder, wie Sie sich dabei fühlen, was Sie empfinden (nicht, was Sie denken): »*Ich bin (frustriert, verärgert, wütend, erregt, überglücklich).*«

3. Schritt: Geben Sie an, was Sie statt dessen lieber hätten: »*Ich würde bevorzugen, daß ...*« oder »*Und was ich wirklich möchte, ist ...*«

Statt die Konsequenzen zu nennen, haben Sie in diesem Fall das angegeben, was Sie wollen. Dies kann bei ganz offensichtlichen Sachverhalten eingesetzt werden, aber nicht bei sehr komplexen.

Rahmen: »*Lee, ich möchte mit dir über die Besprechung von heute morgen sprechen.*«

1. Schritt: »*Du hast, bevor ich mit meinem Vortrag zu Ende war, mehrmals dazwischengeredet, und dadurch habe ich meinen Faden verloren.*«

2. Schritt: »*Das hat mich verunsichert und verlegen gemacht.*«

3. Schritt: »*Ich möchte in Zukunft gerne zu Ende reden. Wie wär's damit?*«

Durchdenken Sie sorgfältig, was Sie sagen möchten, und notieren Sie es sich. Sie werden vielleicht nicht genau das sagen, was Sie aufgeschrieben haben, aber dieser Vorgang ist sehr nützlich. Indem Sie Ihre Ich-Aussage aufschreiben, werden Sie diese auch für sich verdeutlichen, und Sie werden sich davon überzeugen können, daß Sie die obengenannten Kriterien erfüllen. Indem Sie Ich-Mitteilungen formulieren, werden Sie auch zu mehr Selbsterkenntnis gelangen.

Seien Sie vorsichtig mit Ich-Mitteilungen. Es ist am Anfang Übungssache, sie zu formulieren. Es gibt nur einen feinen Unterschied zwischen einer Ich-Aussage und dem Versuch, Ihre eigenen Wertvorstellungen einem anderen aufzuzwingen. Benutzen Sie sie als Gesprächseröffnung, nicht als Lösung.

Benutzen Sie Ich-Aussagen auch, um positives Verhalten zu verstärken

Sie sollen nicht den Eindruck erhalten, daß Ich-Aussagen nur dazu da sind, um Rügen zu erteilen. Mit ihnen kann auch sehr effektiv gelobt und die Wiederholung des Verhaltens gefördert werden.

1. Schritt: *»Liz, Dein Vortrag war hervorragend. Du hast so gelassen und selbstsicher gewirkt, und deine Hauptpunkte kamen klar und deutlich herüber. Deine Grafiken waren ganz besonders gut – sie waren gut lesbar und haben deine Hauptpunkte unterstrichen.«*

2. Schritt: *»Ich war sehr stolz darauf, daß du zu meinem Team gehörst.«*

3. Schritt: *»Nach seiner Begeisterung zu urteilen, wird der Vorstand unseren Vorschlag genehmigen.«*

Der erste Schritt gibt genau an, was gut war. Er zeigt Liz auch, was Ihnen wichtig ist, und teilt ihr gleichzeitig mit, worauf sie in Zukunft achten soll. Der zweite Schritt lobt sie und steigert ihr Selbstwertgefühl. Im dritten Schritt schließlich wird betont, daß ihre Bemühungen nicht umsonst waren.

Mit einer Ich-Aussage teilen Sie genau mit, was Sie wollen. Nachdem Sie eine Ich-Mitteilung geäußert haben, schalten Sie auf »aktives Zuhören« um (siehe Kapitel 17). Dies ermuntert den anderen, auch seine Vorstellungen zu äußern. Verwenden Sie Ich-Aussagen und aktives Zuhören im Zusammenspiel, um Probleme zu lösen.

Benutzen Sie Ich-Aussagen, um das von Ihnen gewollte Verhalten zu verstärken.

Kapitel 14
Feedback geben

Eine wichtige Führungsfähigkeit ist, anderen ein Feedback zu geben, egal, ob dies positiv oder negativ ausfällt. Im folgenden gehen wir auf die verschiedenen Feedbackmöglichkeiten ein.

Drei Arten von Feedback

Es gibt drei Arten von Feedback: positives, negatives oder gar keines.

Positives Feedback kann sowohl allgemein als auch spezifisch sein. Ein allgemein-positives Feedback wie: »Es ist toll, mit dir zusammenzuarbeiten« oder »Ich schätze dich als Profi« erzeugt in anderen Menschen ein gutes Selbstwertgefühl. Dieses Gefühl wiederum wird dann auch Ihnen entgegengebracht. Wenn Sie aufrichtig sind und für den anderen Glaubwürdigkeit besitzen, wird ein allgemein-positives Feedback sein Selbstwertgefühl stärken und auch die Beziehung zwischen Ihnen beiden festigen.

> *Benutzen Sie ein allgemein-positives Feedback wohl dosiert, um Beziehungen zu festigen und dafür zu sorgen, daß alle bei guter Laune sind.*

Ein spezifisch-positives Feedback wie zum Beispiel: »Du bist ein toller Kollege, weil du immer Wort hältst« oder »Ich schätze die Art, wie du einen aufgebrachten Kunden beruhigen kannst, ohne daß du selbst aus der Ruhe kommst« ist vorteilhaft, um das dabei erwähnte spezifische Verhalten zu verstärken.

Ebenso kann auch negatives Feedback sowohl allgemein als auch spezifisch sein. Ein allgemein-negatives Feedback wie zum Beispiel: »Mensch, bist du blöd!« oder »Laß mich in Ruhe!« oder »Du bemühst dich nicht genügend!« sorgt dafür, daß sich die anderen schlecht fühlen. Ein negatives Feedback setzt ihr Selbstwertgefühl herab und zerstört Beziehungen.

> *Benutzen Sie das spezifisch-positive Feedback unmittelbar nach einem bestimmten Verhalten, wenn Sie möchten, daß es wiederholt wird. Machen Sie dies regelmäßig, um gute Leistungen Ihrer Mitarbeiter zu steigern.*

Ein spezifisch-negatives Feedback wie zum Beispiel »Du machst das nicht so, wie ich dir das gezeigt habe« oder »Du hast dich heute morgen schon wieder verspätet« sagt den Menschen nur, was Sie nicht zu tun haben. Wenn ein spezifisch-negatives Feedback nicht vorsichtig eingesetzt wird, verfehlt es seinen Zweck, nämlich das unerwünschte Verhalten auszuschalten. Dies kann zu einem »Nur-nicht-auffallen-Verhalten« führen.

Benutzen Sie niemals ein allgemein-negatives Feedback.

> *Wir alle machen Fehler, aber wir lernen auch daraus. Wenn Sie ein negatives Feedback anbringen müssen, dann sorgen Sie dafür, daß der andere etwas daraus lernen kann.*
>
> *Benutzen Sie Ich-Aussagen, und verwenden Sie auch die anderen Vorschläge aus Kapitel 13 sowie die noch folgenden Tips.*
>
> *Denken Sie daran, daß auf ein spezifisch-negatives Feedback ein spezifisch-positives Feedback folgen sollte, und zwar sobald eine Verbesserung sichtbar wird.*

Wenn es überhaupt kein Feedback gibt, dann »trocknen die Menschen aus« und verkümmern seelisch. Die Botschaft »Weder du noch das, was du machst, sind hier wichtig« wird durch mangelndes Feedback vermittelt. Wenn Menschen den Eindruck bekommen, daß ihr Tun unwichtig ist, dann verlieren sie das Interesse daran und bemühen sich auch nicht mehr, es gut zu machen. Ihre Leistungen können dann so weit herabsinken, daß ein negatives Feedback notwendig wird.

> *Benutzen Sie niemals die Taktik »Kein Feedback!« – das heißt, ignorieren Sie andere Menschen nicht. Nehmen Sie diese als auch ihre Leistungen auf positive Weise wahr.*

Verschaffen Sie sich Gehör

Stellen Sie sich Feedback wie einen Spiegel vor, also eine Möglichkeit, durch die Sie das Verhalten eines anderen reflektieren können. Sie können einen Schritt weitergehen und beides wiedergeben: das Verhalten und seine Auswirkungen auf Sie, also auch Ihre Empfindungen und Reaktionen darauf.

Bringen Sie Ihr Feedback so an, daß der Empfänger Sie auch »hören« und akzeptieren kann. Es folgen einige Anhaltspunkte, wie dies erreicht werden kann.

Seien Sie spezifisch

Nehmen wir ein Beispiel aus einem früheren Kapitel: »unhöflich« oder »abrupt« haben für Sie eine Bedeutung, aber wahrscheinlich eine ganz andere Bedeutung für denjenigen, dem Sie vorwerfen, er wäre »unhöflich« oder »abrupt«. Da diese Wörter unspezifisch sind und unterschiedlich gedeutet werden können, bringen Sie auch sehr wenig. Spezifisch dagegen sind »sehr schnell sprechen«, »zuwenig Blickkontakt« oder »nebenbei mit anderen Sachen beschäftigt sein, während Sie mit jemandem sprechen«.

Wenn Sie beim Feedback-Geben spezifisch sind, dann wird den anderen klar und deutlich, was Ihnen gefällt bzw. nicht gefällt. Sie erfahren, was sie weitermachen bzw. unterlassen sollten.

Sprechen Sie das Verhalten an, nicht Ihre Deutung

»Faul« und »schlechte Einstellung« sind bedeutungslose Allgemeinbegriffe, die zudem negativ interpretiert werden. »Ich beobachte dich eigentlich nie dabei, daß du den anderen hilfst, wenn du mit deiner Arbeit fertig bist. Ich beobachte aber, daß du dich dann verdrückst, um eine Zigarette zu rauchen«; »Du läufst langsam und schlurfst dabei mit deinen Füßen über den Boden«, »Du läßt zu, daß das Telefon mehr als viermal klingelt, bevor du abhebst«. So geäußerte Kritik läßt sich leichter vertragen, da spezifische Verhaltensweisen angesprochen werden, ohne diese zu deuten.

> *Benutzen Sie vorzugsweise spezifische Wörter und Sätze, die ein Verhalten deutlich beschreiben. Vermeiden Sie dagegen Wörter und Sätze, die Ihre Deutungen, Eindrücke oder Ihren internen Telegrammstil wiedergeben.*

Seien Sie konstruktiv

Manche Leute geben Feedback so, als ob sie ihren ganzen aufgestauten Ärger auf einmal abladen wollen. Es kann sein, daß sie sich nachher besser fühlen, aber für den Empfänger ist es wenig hilfreich. »Du tust dieses und

dieses und das, und du machst auch jenes, und während wir dabei sind ... «:
Ein solches Abladen erzeugt defensive und ärgerliche Reaktionen.

Andere wiederum geben Feedback, indem sie andere Menschen niedermachen, als ob »den Empfänger niedermachen, den Sender hochjubeln würde«.

Wenn ein Feedback dem Empfänger helfen soll, dann muß er spüren, daß das Feedback konstruktiv und im Geist von Unterstützung und Ermunterung gegeben wird.

> *Wenn Sie Feedback geben, zielen Sie darauf, Menschen zu stärken und zu motivieren.*
>
> *Formulieren Sie Feedback etwa nach dem Muster »Ich glaube, du wärest effektiver, wenn ...« oder »Du könntest dir überlegen ... zu versuchen«. Wenden Sie diese Art von Feedback immer an, wenn dies möglich ist. Lassen Sie den Leuten die freie Wahl, Ihre Kritik zu akzeptieren oder auch abzulehnen.*
>
> *Seien Sie ausgewogen – geben Sie sowohl positives als auch negatives Feedback. Dadurch zeigen Sie, daß Sie objektiv sind. So verhelfen Sie dem anderen auch zu einem getreueren Selbstbild.*

Seien Sie realistisch

Das Verhalten, das Sie in Ihrem Feedback ansprechen, muß etwas sein, das der betreffende Mensch auch verändern kann. Wenn jemand so schüchtern ist, daß er große Schwierigkeiten im Umgang mit Kunden hat, dann helfen keine Rückmeldungen, egal wie konstruktiv oder hilfreich diese sind (»Du mußt wirklich lernen, sehr gelassen zu sein und besser mit dem Kunden umzugehen«).

Wenn Sie Feedback geben, sollten Sie unbedingt auch »frische« Rückmeldungen geben und keine überholten. Heben Sie sich Ihre Bemerkungen nicht monatelang oder für die jährliche Leistungsbewertung auf. Schwierige Angelegenheiten sollten sofort, vielleicht nach einem Augenblick der

Überlegung, angegangen werden – dies ist meistens die beste Methode. Später ist es schwierig, sich an den genauen Tatbestand zurückzuerinnern, so verliert das Feedback häufig an Gewicht.

Feedback per Einladung

Die besten Rückmeldungen sind diejenigen, die ausdrücklich gewünscht sind: »Wie war ich?«, »Was, meinst du, könnte ich machen, um mich zu verbessern?« Wenn Sie gefragt werden, dann geben Sie Ihr Feedback ehrlich, unterstützend und konstruktiv.

Teilen Sie die Wirkung mit

Sicher ist es hilfreich für den Empfänger, die Auswirkungen seines Verhaltens zu erfahren: zum Beispiel die Auswirkungen auf Sie, auf einen Kunden oder auf ein Leistungsziel.

Richten Sie sich immer nach der FKK-Regel:

Fassen Sie sich kurz und kongruent.

Feedback ist ein sehr wirkungsvolles Führungsinstrument. Benutzen Sie es, um Beziehungen und gute Leistungen zu verstärken.

Kapitel 15
Schalten Sie auf die gleiche Wellenlänge

Haben Sie jemals mit jemandem zusammengearbeitet, der Sie ständig reizte? Oder mit jemandem, der anscheinend nicht auf der gleichen Wellenlänge war wie Sie? Sie finden zu solchen Menschen keinen »Rapport«, aus diesem Grund ist es auch schwierig, mit ihnen zu kommunizieren.

»Rapport« ist ähnlich wie der »gute Kontakt«. Dieser gute Kontakt ist die Grundlage, damit zwei Menschen sich verständigen können, und dies ist Voraussetzung für eine wirkungsvolle Kommunikation. Es ist das Gefühl, daß man synchron mit einem anderen Menschen ist, daß man mit ihm harmonisiert. Wenn wir mit jemandem »im Rapport« sind, dann fühlen wir uns im Umgang mit ihm wohl, und die Kommunikation fließt.

Benutzen Sie Begriffe und eine Sprache, die andere verstehen können. Passen Sie Ihren Wortschatz dem jeweiligen Gesprächspartner und der jeweiligen Situation an.

In diesem Kapitel werden wir sehen, wie das Verständnis für die verschiedenen Persönlichkeitstypen und Temperamente Ihnen helfen kann, sich auf die Wellenlänge Ihrer Gesprächspartner einzustellen und wie Sie mit ihnen so kommunizieren können, daß sich diese wirklich angesprochen fühlen. In Kapitel 25 werden wir dann untersuchen, wie Rapport durch Körpersprache aufgebaut und auch überprüft werden kann.

Unsere Wortwahl ist ebenso wichtig. In Kapitel 10 wurde bereits die Möglichkeit besprochen, Wörter entsprechend dem jeweiligen Repräsentationssystem des anderen auszuwählen.

Erkunden Sie die primären Bedürfnisse der anderen

Wir können die grundlegenden psychischen Bedürfnisse der Menschen in drei Gruppen unterteilen: Bedürfnis nach Leistung, nach Zugehörigkeit und nach Macht. Wenn Sie diese Bedürfnisse erkennen und Ihre Kommunikation darauf abstimmen, hilft Ihnen das auch, um Rapport aufzubauen.

Menschen mit einem hohen Leistungsbedürfnis setzen sich spezifische, meßbare Ziele und Anforderungen. Sie arbeiten so lange daran, bis sie diese auch erreicht haben. Sie wollen es immer ein bißchen besser machen – vielleicht um sich selbst, vielleicht um alle anderen zu übertreffen, vielleicht um die bisher geltenden Maßstäbe zu sprengen.

> *Gestatten Sie solchen Menschen, selbstverantwortlich zu arbeiten. Sorgen Sie dafür, daß diese häufig Feedback darüber bekommen, wie erfolgreich ihre Bemühungen sind.*

»Gib niemals auf« und »Wo liegt die nächste Herausforderung?« scheinen ihre Wahlsprüche zu sein.

An wen erinnert Sie diese Beschreibung?
Schreiben Sie die Namen auf:

_____

_____

Andere Menschen sind eher an freundschaftlichen, partnerschaftlichen, herzlichen Arbeitsbeziehungen interessiert. Sie arbeiten gerne mit anderen, deren Gesellschaft sie schätzen, in einer gelassenen, kollegialen Atmosphäre zusammen. Ihr starkes Bedürfnis nach »Zugehörigkeit« treibt sie dazu an, zum Beispiel mehr Briefe zu schreiben, mehr Zeit mit ihren Kollegen zu verbringen und mehr zu telefonieren. Außerdem arbeiten sie lieber mit Freunden als mit Fremden.

Wen kennen Sie, auf den diese Beschreibung paßt?
Schreiben Sie die Namen auf:

_____

_____

Sorgen Sie für freundliche Arbeitsbeziehungen zu Menschen mit einem starken Zugehörigkeitsbedürfnis. Erkundigen Sie sich nach Familie, Wochenenden, privaten Interessen und wie sie über bestimmte Dinge denken und was sie dabei fühlen.

115

Andere wiederum blühen auf, wenn sie Verantwortung übernehmen. Solche Menschen haben ein hohes Bedürfnis nach Macht. Sie streben nach Autorität, damit sie Entscheidungen treffen und diese auch in die Tat umsetzen können. Sie umgeben sich gerne mit Prestigeobjekten als Symbole ihrer Macht. Sie kommunizieren sehr bestimmt und können in den meisten kommunikativen Situationen andere beeinflussen.

> *Vermitteln Sie Menschen mit einem starken Machtbedürfnis das Gefühl, daß diese die Verantwortung und die Kontrolle haben. Erkennen Sie deren Bedürfnis an, als mächtig und wichtig behandelt zu werden.*

An wen erinnert Sie diese Beschreibung?
Schreiben Sie die Namen auf:

_____

_____

_____

Jeder von uns hat ganz individuelle, unterschiedliche Bedürfniszusammensetzungen. Wir haben alle unterschiedlich starke und unterschiedlich kombinierte Bedürfnisse nach Leistung, Zugehörigkeit und Macht.

Wenn Sie mit anderen Menschen kommunizieren, dann achten Sie auf die Hauptthemen im Hintergrund. Worüber freuen sie sich? Leistung – Aufgaben tüchtig erledigen, ihre eigene Bestleistung übertreffen, Ziele erreichen? Zugehörigkeit – freundliche Arbeitsbeziehungen, freundschaftliche Kontakte herstellen, anderen helfen? Macht – konsultiert werden und Gehör finden, die Kontrolle übernehmen, Pläne in die Tat umsetzen? Wenn Sie wissen, was die Menschen antreibt, werden Sie Ihre Kommunikation maßschneidern können, um sie diesen Bedürfnissen anzupassen.

Berücksichtigen Sie die verschiedenen Persönlichkeitstypen

Menschen sind komplexe Wesen. Trotzdem lohnt es sich, zuverlässige Methoden zu erlernen, um grundlegende Persönlichkeitsunterschiede erkennen und damit umgehen zu können.

Ausgehend von den Arbeiten C.G. Jungs auf dem Gebiet der Persönlichkeitstypologie, haben Psychologen seine Erkenntnisse wesentlich erweitert. Er unterscheidet zwischen *Introvertierten*, die 25 Prozent der Bevölkerung ausmachen und sich hauptsächlich für innere Werte (wie Gedanken und Ideen) interessieren, und *Extrovertierten*, die die anderen 75 Prozent der Bevölkerung darstellen und die eher ein Verhältnis zur äußeren Welt der Menschen und Gegenstände haben. Introvertierte sind beschaulich, während Extrovertierte eher tatenorientiert sind. Es wird häufig behauptet, daß Introvertierte denken, bevor sie sprechen, während Extrovertierte sprechen, bevor sie denken.

> *Finden Sie heraus, welche Ideen dem Introvertierten wichtig sind, und passen Sie Ihre Kommunikation seinem Gedankengerüst an.*
>
> Machen Sie Extrovertierten deutlich, daß Ihre Vorstellungen auch den Gedanken anderer entsprechen und sich in die Aktivitäten der übrigen Menschheit einfügen lassen.

Dann gibt es auch noch die Orientierung an Aufgaben bzw. Menschen. Manche Menschen konzentrieren sich auf die vorliegende Aufgabe, auf die Fertigstellung der Arbeit; während sich andere eher auf die zwischenmenschlichen Beziehungen konzentrieren: Verstehen alle unsere Ziele, und sind sie auch damit einverstanden? Sind alle zufrieden, fühlen sie sich wohl, sind sie glücklich?

> *Konzentrieren Sie sich auf die vorliegende Aufgabe bei Gesprächen mit aufgabenorientierten Menschen. Berücksichtigen Sie aber auch menschliche Elemente bei Gesprächen mit menschenorientierten Mitarbeitern.*

Vier Methoden der Informationsverarbeitung

Jung beschrieb außerdem grundlegende Unterschiede in der Art, wie wir Informationen wahrnehmen, verarbeiten und wie wir damit umgehen. Er fand heraus, daß wir Informationen nach vier Methoden wahrnehmen und verarbeiten: Denken, Fühlen, Intuition und Empfinden.

Die meisten von uns bevorzugen eine dieser vier Methoden, benutzen aber bei Bedarf noch die eine oder andere. In der Regel ist aber eine Methode unterentwickelt und wird selten gebraucht.

Denker, wie Sie wohl erraten können, haben ihre Stärke im klaren, logischen Denken. Sie gehen methodisch vor und können Probleme gut analysieren. Sie können mit Tatsachen und Zahlen sehr gut umgehen und brillieren bei Recherchen und Systemanalysen.

Helfen Sie den **Denkern***, indem Sie ihnen die grundlegende Theorie bzw. das zugrundeliegende Konzept Ihres Vorhabens erklären. Geben Sie Ihre Informationen in logischer Reihenfolge. Schildern Sie Tatsachen auf neutrale und folgerichtige Weise.*

An wen erinnert Sie diese Beschreibung?
Schreiben Sie die Namen auf:

_____

_____

_____

Die Weltsicht von **Gefühlsbetonten** ist durch persönliche Ansichten gefärbt, und ihre Urteile basieren darauf, anstatt daß sie objektiv das Für und Wider einer Sache abwägen. Sie sind herzlich, umgänglich und genießen die Gesellschaft anderer. Sie übertreffen sich darin, Gruppenbeziehungen zusammenzuhalten. Ihre Stärke ist die Beratung, Schlichtung und die Öffentlichkeitsarbeit.

> *Im Umgang mit **Gefühlsbetonten** stellen Sie Ihre Wertvorstellungen ausdrücklich dar, damit diese sie auch einschätzen können. Sorgen Sie dafür, daß diese sich von Ihnen unterstützt und nicht bedroht fühlen.*

An wen erinnert Sie diese Beschreibung?
Schreiben Sie die Namen auf:

_____

_____

_____

Intuitive haben eine blühende Vorstellungskraft und liefern viele kreative Ideen. Sie arbeiten mit ihrer Intuition und setzen auf Ahnungen und Wahrscheinlichkeiten. Sie sind hervorragend bei langfristigen Planungen, beim kreativen Schreiben sowie beim Erzeugen von Ideen.

> *Schildern Sie den **Intuitiven** Ihre Absichten, Ihre Vorstellungen und Ihre endgültigen Ziele – dann überlassen Sie es deren Kreativität, Modalitäten zu finden, um diese Ziele zu verwirklichen.*

Wen kennen Sie, auf den diese Beschreibung paßt?
Listen Sie die Namen auf:

_____

_____

_____

Sensitive stehen mit beiden Füßen auf dem Boden der Tatsachen, sind tatkräftig und pragmatisch. Sie ziehen Taten Worten und Ideen vor. Sie machen sich am liebsten gleich an die Arbeit. Sie agieren im Hier und Jetzt. Sie sind am besten, wenn sie Projekte in Gang bringen, Geschäfte einfädeln, verhandeln, Störungen suchen und Ideen in die Tat umsetzen.

> *Im Umgang mit* **Sensitiven** *schmücken Sie Ihre Beschreibungen nicht mit allzu vielen Details oder aufwendigen Theorien. Kommunizieren Sie deutlich und ohne Umschweife. Benutzen Sie dabei konkrete Begriffe, und stellen Sie greifbare Ergebnisse in Aussicht.*

Kennen Sie Menschen, auf die diese Beschreibung paßt?
Tragen Sie ihre Namen ein:

_____

_____

_____

Vier Persönlichkeitstypen

Ausgehend von den Arbeiten Jungs, unterschieden Katharine Myers und Isabel Briggs bei ihren Forschungen 16 Persönlichkeitstypen. Diese basieren auf den jeweils bevorzugten Verhaltensweisen, wie Menschen mit anderen Menschen bzw. mit Informationen umgehen.

Hier haben wir diese 16 Persönlichkeitstypen in zwei Hauptgruppen mit jeweils vier Grundtypen zusammengefaßt. Dadurch wird es leichter, die wichtigsten Typenunterschiede zu erkennen, und das erleichtert folglich den Umgang mit den entsprechenden Menschen.

Wenn wir die Pole Introversion/Extroversion und Aufgabenorientierung/Menschenorientierung miteinander kombinieren, ergeben sich die vier Persönlichkeitstypen der ersten Hauptgruppe: Dominante Manager, Sozial Engagierte, Zuverlässige Partner und Gewissenhafte Denker.

Dominante Manager

Dominante Manager sind Extrovertierte, die sehr aufgabenorientiert sind. Sie sind umgänglich, direkt, auf Wettbewerb bedacht und ergebnisorientiert. Sie ergreifen die Initiative, sind bereit, sich mit anderen zu konfrontieren, treffen leicht Entscheidungen, und häufig sind sie ehrgeizig. Dominante Manager haben ein starkes Machtbedürfnis, übernehmen gerne die Kontrolle und widersetzen sich der Autorität anderer.

Dominante Manager gelten häufig als »barsch«. Sie kommen schnell zur Sache. Sie sind immer auf Touren und wollen die Sachen jetzt sofort erledigt sehen. Sie hegen eine Abneigung gegen schlampige Ergebnisse.

---

*Behandeln Sie den Typus **Dominanter Manager** mit der ganzen Achtung, die dieser zu verdienen meint. Lassen Sie ihn in dem Glauben, er hat die Kontrolle. Stellen Sie seine Autorität nicht in Frage.*

Leisten Sie gute Arbeit, und sprechen Sie präzise, deutlich und kurz gefaßt mit den Dominanten Managern, mit denen Sie zusammenarbeiten. Überstrapazieren Sie deren Geduld nicht: weder mit abstrakten Entwürfen, die diese als substanzlos betrachten könnten, noch mit sehr viel Betonung auf menschliche Faktoren, die sie als wenig geschäftsmäßig ansehen würden. Bleiben Sie am Ball, konzentrieren Sie sich auf das Endergebnis.

Kennen Sie Personen, die diesem Typus entsprechen?
Schreiben Sie die Namen auf:

_____

_____

_____

Sozial Engagierte

Sozial Engagierte sind extrovertiert und konzentrieren sich auf menschliche Faktoren. Sie mögen andere Menschen und sind zugehörigkeitsorientiert. Sie sind umgänglich, gesellschaftsliebend, redselig, können andere gut überzeugen und handeln intuitiv. Sozial Engagierte sind häufig chaotisch und achten nicht auf Details. Sie können aber andere gut beeinflussen. Sie können nie still sitzen, sind zu Späßen aufgelegt, tatkräftig, kreativ, und sie zeigen ihre Gefühle offen. Sie genießen Abwechslung, neue Trends und Ideen sowie die Anerkennung ihrer Leistungen.

> *Halten Sie Details sowie Arbeit, wo es auf Genauigkeit ankommt, fern von den **Sozial Engagierten**, sonst werden sich diese eingeengt vorkommen. Lassen Sie sie reden, teilnehmen, motivieren und eine angenehme Atmosphäre schaffen. Behandeln Sie sie als Freunde.*

Wen kennen Sie, der diesem Typus entspricht?
Führen Sie die Namen auf:

_____

_____

_____

Zuverlässige Partner

Zuverlässige Partner sind zwar introvertiert, sie kümmern sich aber um Menschen und Beziehungen eher als um Aufgaben. Sie scheuen Konflikte, ziehen eine vertraute und stabile Routine vor. Sie sind ruhige und häufig wenig sich selbst behauptende, stabile und konsequente, wertvolle und gelassene Teammitglieder. Sie sind hilfsbereit und gefällig. Als gute Denker und geduldige Zuhörer können Zuverlässige Partner aufgeregte Gemüter rasch besänftigen. Sie sind der Kitt, der Arbeitsgruppen zusammenhält.

> *Wenn Sie die Gedanken oder Meinungen eines **Zuverlässigen Partners** erfahren wollen, werden Sie unter Umständen viele offene Fragen stellen und aufmerksam zuhören müssen. Diese Mühe wird sich aber lohnen. Sorgen Sie dafür, daß Sie sie nicht übersehen oder ihre Loyalität oder Leistungen als selbstverständlich hinnehmen.*

Kennen Sie Menschen, auf die diese Beschreibung paßt?
Tragen Sie deren Namen ein:

_____

_____

_____

Gewissenhafte Denker

Gewissenhafte Denker sind ordnungsliebend und systematisch. Es handelt sich hier um Introvertierte mit einem starken Leistungsbedürfnis und einer Orientierung an Aufgaben. Sie lieben Recherchen und Analysen, gehen Projekte und Aufgaben überlegt, objektiv und gründlich an. Sie sind präzise, gut organisiert, stellen hohe Anforderungen an sich selbst und erzeugen Ergebnisse von hoher Qualität.

> *Bitten Sie* **Gewissenhafte Denker** *niemals darum, Arbeiten abzugeben, die unter Zeitdruck hergestellt werden müssen. Konfrontieren Sie sie auch niemals mit derart hergestellten Arbeitsergebnissen. Wenn Sie Kritik üben müssen, dann sanft. Erklären Sie die Dinge sorgfältig, vergessen Sie keinesfalls Details, die Gewissenhafte Denker so begehren. Wenn Veränderungen notwendig werden, dann erläutern Sie diese deutlich, und lassen Sie dem Gewissenhaften Denker Zeit, sich an die Veränderungen anzupassen.*

Wen kennen Sie, auf den diese Beschreibung zutrifft?
Listen Sie diese Personen auf:

_____

_____

Vier Temperamente

Die zweite Hauptgruppe enthält ebenfalls vier Persönlichkeitstypen: Analytiker, Gewissenhafte, Realisten und Einfühlsame. Diese heben ebenfalls wichtige Unterschiede der einzelnen Menschen hervor.

Analytiker

Analytiker machen etwa 12 Prozent der Bevölkerung aus. Sie werden wegen ihrer Kreativität und ihres Einfallsreichtums geschätzt. Sie sind ernste, tüchtige, strebsame und selbstmotivierte Menschen, von denen es häufig heißt, sie seien mit ihrer Arbeit verheiratet. Für einen Analytiker stellt die Arbeit den Mittelpunkt seines Lebens dar. Analytiker sind abstrakte, theoretische, logische Denker, die am besten alleine arbeiten.

> *Halten Sie Details, Routinearbeit und praktische Angelegenheiten fern von den* **Analytikern**. *Sagen Sie ihnen, was Sie wollen, und geben Sie ihnen die Gelegenheit, dafür einen Plan zu entwickeln. Verschaffen Sie ihnen auch die Möglichkeit, alles selbst einzuteilen.*

Gewissenhafte

Gewissenhafte (gut 40 % der Bevölkerung) sind konservativ, ernst, loyal, verantwortungsbewußt, konsequent, präzise und praktisch veranlagt. Sie tendieren dazu, sehr vorsichtig zu sein, sie suchen Sicherheit und meiden Veränderungen. Gerne beschäftigen sie sich mit Details und arbeiten am besten in strukturierten, überschaubaren Situationen.

> *Gewissenhafte sollten strukturierte, praxisbezogene Unterweisungen bekommen. Sorgen Sie dafür, daß diese die Struktur und die Systeme verstehen, mit denen sie arbeiten. Sie können sich dann darauf verlassen, daß sie sich an Regeln und Routine halten werden.*
>
> *Stellen Sie Gewissenhaften sämtliche Details zur Verfügung, die diese benötigen, um ihre Arbeit fertigzustellen. Geben Sie ihnen formelle Zeichen der Anerkennung für ihre Beiträge und Bemühungen. Seien Sie pünktlich und konsequent im Umgang mit ihnen. Bereiten Sie ihnen keine Überraschungen, denn sie werden sich gegen Veränderungen sträuben. Zwingende Veränderungen erklären Sie daher am besten ausführlich und sorgfältig.*

Realisten

Realisten stellen etwa 35 Prozent der Bevölkerung dar. Sie sind technisch begabte, pragmatische, hemdsärmelige, handlungsorientierte Menschen. Auffallend, spontan, impulsiv und zu Späßen aufgelegt, genießen sie Aufregungen. Realisten sind aufgeschlossen, tolerant, flexibel und können mit Veränderungen gut umgehen.

> *Sorgen Sie dafür, daß Realisten praxisbezogene Arbeiten bekommen, und helfen Sie ihnen, sich zu organisieren und ihre Zeit einzuteilen. Gestatten Sie ihnen viel Freiraum und so viel Abwechslung, daß es ihnen nicht langweilig wird. Helfen Sie ihnen, ihre Fähigkeiten weiterzuentwickeln. Verlassen Sie sich darauf, daß diese die Herausforderung einer Krise meistern werden. Genießen Sie ihre Gesellschaft.*

Einfühlsame

Einfühlsame sind Menschen, die helfen, unterstützen und ermuntern. Sie strahlen Wärme aus, sind geistvoll und gesprächsfreudig. Sie streben nach Harmonie und nach einer tieferen, inneren Bedeutung des Lebens. Sie stellen etwa 13 Prozent der Bevölkerung dar.

> *Geben Sie **Einfühlsamen** persönlich Instruktionen, und ermuntern Sie diese. Sorgen Sie dafür, daß sie spüren, wie wichtig ihre Arbeit ist. Würdigen Sie ihre Beiträge. Wenn Sie doch ein negatives Feedback geben müssen, achten Sie darauf, daß dies nicht als persönlicher Angriff gedeutet werden kann. Einfühlsame sollten autonom arbeiten können und eine Chance bekommen, sich weiterzuentwickeln. Belasten Sie sie nicht mit Details.*

Keiner der Persönlichkeitstypen, die in diesen beiden Hauptgruppen vorgestellt wurden, ist besser oder schlechter als der andere – jeder ist verschieden und auf seine Weise wertvoll.

Als Führungskraft ist es wichtig, die Stärken der Menschen zu erkennen und damit zu arbeiten. Diese Typologie kann Ihnen dabei helfen. Wenn Sie die primären Unterschiede der Menschen erkennen, werden Sie auch effektiver mit ihnen kommunizieren können.

> *Die Unterschiede der einzelnen Menschen sind groß. Aber gerade diese Unterschiede machen das Leben interessant und bringen uns auch weiter. Denn wenn zwei Menschen das gleiche denken würden, dann wäre einer davon überflüssig.*

Dritter Teil
Gute Informationen empfangen

Die Perspektive des anderen entdecken

Kapitel 16
Konzentrieren Sie sich
auf den Sprecher

Mangelnde Konzentration auf den Gesprächspartner ist die Quelle vieler Kommunikationsschwierigkeiten. Wie oft blenden Sie jemanden als störendes »Hintergrundgeräusch« aus? Manchmal mag dies durchaus wünschenswert sein, zum Beispiel wenn ein dreijähriges Kind »Dauerquäken« veranstaltet, aber bei Erwachsenen wird dadurch eine zufriedenstellende Kommunikation verhindert.

Wie häufig haben Sie nur so getan, als ob Sie jemandem zuhören würden, während Sie mit dem, womit Sie gerade beschäftigt waren, weitergemacht haben? Nur so zu tun, als ob Sie einem Sprecher Ihre Aufmerksamkeit schenken, und dabei gelegentlich zu nicken oder »mmh« zu murmeln, stellt keine Kommunikation dar.

Wie häufig haben Sie nur mit halbem Ohr zugehört, in der Absicht, erst dann richtig »zuzuschalten«, wenn etwas Wichtiges gesagt wird? Leider ist aber unsere Fähigkeit, Informationen auf diese Weise herauszufiltern, nicht sehr weit entwickelt. Dadurch gehen uns viel zu viele wertvolle Informationen verloren.

Es gibt noch zahlreiche andere schlechte Gewohnheiten, die verhindern, daß wir uns auf einen Sprecher wirklich konzentrieren. Sind Ihnen die nachfolgenden vertraut?

Wenn jemand spricht, dann muß er auch das Gefühl haben, man hört ihm zu – erst dann wird er bereit sein, selbst zuzuhören. Meist muß man sich zuerst gute Informationen geben lassen, bevor man selbst an der Reihe ist.

Der erste Schritt, um gute Informationen zu erhalten, besteht darin, sich auf den Sprecher zu konzentrieren. Man sollte nicht nur so tun, als ob man sich konzentrieren würde, sondern wirklich darauf achten, was der Sprecher sagt, fühlt und meint. Wir haben dafür unsere Ohren, unsere Augen und unser Einfühlungsvermögen.

Fragen Sie sich, ob Sie folgendes machen:

- Lege ich meine Erwiderung bereits zurecht, während die andere Person noch spricht?
- Lasse ich meine Gedanken abschweifen?
- Blende ich eine Ansicht aus, die von meiner vorgefaßten Meinung abweicht?
- Unterbreche ich den Sprecher?
- Spreche ich die Sätze eines Gesprächspartners für ihn zu Ende?
- Rede ich, während andere sprechen?
- Ziehe ich voreilige Schlüsse?
- Höre ich nur das, was ich hören will, zu hören erwarte oder was ich annehme, daß der Sprecher sowieso sagen wird?

Wir müssen eine Sache zuerst aus der Perspektive des Sprechers sehen, bevor wir sie wirklich nachvollziehen können. Dies wird uns helfen, den anderen zu verstehen und ihm angemessen zu antworten. Der Sprecher soll spüren, daß wir uns bemühen, seine Perspektive zu begreifen, daß wir sie nicht ignorieren, unterdrücken, kritisieren oder verdammen. Nur dann wird sich Ihr Gesprächspartner ermuntert fühlen, weiterhin gute Informationen zu geben.

Gute Informationen zu erhalten hängt also davon ab, wie man sich auf den Sprecher konzentriert. Wenn Sie zu beschäftigt oder zerstreut sind, um dies wirklich zu leisten, dann setzen Sie besser einen anderen Termin an.

Es gibt viele Maßnahmen, die Sie treffen können, um Ihre Fähigkeit zu verbessern, sich auf einen Gesprächspartner zu konzentrieren. Dies sind umgebungsbezogene, körperliche, gedankliche und verbale Maßnahmen.

Stimmt die Umgebung?

Wie bereits in Kapitel 3 besprochen, sollten alle Faktoren ausgeschaltet werden, die verhindern, daß Sie sich voll auf einen Gesprächspartner konzentrieren können. Lärm und andere Ablenkungen halten Sie davon ab, dem Sprecher Ihre volle Aufmerksamkeit zu widmen. Das blockiert den Kommunikationsprozeß.

Körperliche Aufmerksamkeit

Nehmen Sie auch eine aufmerksame Körperhaltung ein.

Dies hilft Ihnen, sich auf den Sprecher zu konzentrieren, und ermuntert diesen, Ihnen mehr Informationen mitzuteilen. Denn er sieht, daß er Ihre Aufmerksamkeit bekommen hat.

130

> *Stellen Sie Augenkontakt her. Nehmen Sie eine offene Sitzhaltung ein (verschränken Sie Ihre Arme nicht, und schlagen Sie auch Ihre Beine nicht übereinander). Wenden Sie sich Ihrem Gesprächspartner zu. Nicken Sie, und machen Sie Bemerkungen, damit er weiß, daß Sie dabei sind. Neigen Sie sich Ihrem Gegenüber zu, um Ihr Interesse zu signalisieren.*

Mentale Aufmerksamkeit

Wenn etwas anderes Sie beschäftigt, legen Sie es vorerst gedanklich beiseite, oder notieren Sie es. Sie haben später Zeit dafür. Folgen Sie dem Gedankengang des Sprechers. Wenn das Thema sehr wichtig ist, sollten Sie Notizen machen, um die Informationen richtig festzuhalten und um sich besser konzentrieren zu können. Während Sie zuhören, werden Sie sicherlich die wichtigsten Aussagen gedanklich versuchen zusammenzufassen. Dabei sollten Sie auch bei Ihrem Gesprächspartner auf Veränderungen in der Körpersprache, in der Mimik, im Tonfall usw. achten.

Fällen Sie keine Urteile. Wenn Sie beim Zuhören bereits die Gültigkeit des Gesagten bewerten, werden Sie einige der in Kapitel 8 beschriebenen kommunikativen Todsünden begehen.

Hören Sie zu, um zu verstehen, nicht um zu bewerten.

Achten Sie auf das Repräsentationssystem, das der andere Mensch benutzt (siehe Kapitel 10). Hören Sie aufmerksam zu, um die Motive, den Persönlichkeitstyp oder das Temperament des anderen zu entdecken (Kapitel 15). Achten Sie auf die Bedeutungen hinter den Wörtern: Was wird wirklich gesagt?

Fragen Sie nach

Wenn Sie nicht sicher sind, ob Sie etwas richtig gehört oder verstanden haben, prüfen Sie es nach. Ihr Gesprächspartner wird dies als Anzeichen bewerten, daß Sie an seinen Mitteilungen wirklich interessiert sind. Er wird dann auch annehmen, daß Sie Ihre eigenen Äußerungen ebenso sorgfältig überlegt haben.

> *Lassen Sie sich Zeit zum Überlegen. Denken Sie nicht, Sie müßten sofort antworten, wenn Ihr Gesprächspartner eine Pause macht. Überlegen Sie zuerst das Gehörte und dessen Bedeutung. Vielleicht wiederholen Sie es mit Ihren eigenen Worten, um Ihr Verständnis zu prüfen.*

Sich auf den Sprecher zu konzentrieren ist der erste und vielleicht wichtigste Schritt, um gute Informationen zu bekommen. Beachten Sie dabei folgendes:

● Lassen Sie dem Sprecher genügend Zeit, um sich auszusprechen.
● Lassen Sie den Sprecher zu Ende reden, ohne ihn zu unterbrechen.
● Bleiben Sie bei der Sache.
● Geben Sie nonverbale Signale, daß Sie zuhören (nicken, »mmh« sagen, Blickkontakt).
● Verhalten Sie sich angemessen, und reagieren Sie entsprechend.
● Prägen Sie sich das Gesagte ein.
● Vermeiden Sie, daß Ihre Gedanken abschweifen oder abgelenkt werden.

Dadurch machen Sie es Ihrem Gesprächspartner auch leichter, sich entspannt zu fühlen.

Immer dann, wenn gute Kommunikation wichtig ist, wenn immer es darauf ankommt, gute Informationen sowohl zu empfangen als auch zu senden, dann müssen Sie sich auf den Gesprächspartner konzentrieren. Wenn Sie den Eindruck bekommen, jemand sträubt sich gegen Ihre Botschaft, ist anderer Meinung, verwirrt oder unsicher, dann kommt es noch stärker darauf an, sich wirklich auf ihn zu konzentrieren, um zu erfahren, wie es von seiner Warte aus aussieht.

Holen Sie gute Informationen ein. Gehen Sie auf den anderen ein, und fragen Sie ihn, was ihn bekümmert, bedrückt, beschäftigt oder verwirrt. Was hält ihn davor zurück, Ihnen zuzustimmen oder Sie voll zu unterstützen? Welche sonstigen Informationen benötigt er? Je stärker Sie sich auf Ihren Gesprächspartner sowie seine Botschaft konzentrieren können, desto mehr Informationen werden Sie auch erhalten. Je schwieriger die kommunikative Situation ist, desto mehr werden Sie diese Informationen auch benötigen.

Kapitel 17
Zuhören, zuhören, zuhören

Gute Informationen zu bekommen besteht aus wesentlich mehr als nur aus Zuhören. Es hat auch viel mit der Qualität Ihres Zuhörens zu tun: wie Sie antworten, welche Fragen Sie stellen, wie Ihre Körpersprache aussieht.

Wenn Ihnen die Botschaft eines Gesprächspartners oder Ihre Beziehung zu diesem Gesprächspartner wirklich wichtig ist, sollten Sie sich nicht nur *anhören*, was gesagt wird, sondern richtig *zuhören*. Zuhören ist mehr als der Gegensatz von Sprechen. Wirkliches Zuhören wird mit den Ohren, Augen und dem Herzen gemacht.

Zuhören ist ein Geschenk, das Sie anderen machen können.

Wahres Zuhören verlangt von uns, daß wir vorübergehend unsere eigenen Meinungen, Erwartungen, Vorurteile und Wünsche beiseite legen. Nur dann können wir uns auf das Gesagte vollkommen konzentrieren und die Welt aus der Perspektive des Sprechers erleben.

Dies ist wirklich eine schwierige Aufgabe. Wenn Sie tatsächlich zuhören, dann steigen Ihr Blutdruck und Ihre Körpertemperatur, Ihr Puls beschleunigt sich. Es sind die gleichen physiologischen Reaktionen, die bei einer körperlichen Anstrengung zu beobachten sind.

Allein die Absicht zuzuhören genügt nicht. Zuhören ist eine anspruchsvolle Fähigkeit, die viel Übung erfordert. Es gibt viele schlechte Gewohnheiten, die man überwinden muß. Da Zuhören auch anstrengend ist, ist es doch vielleicht leichter, nicht wirklich zuzuhören ...

Warum hören wir nicht besser zu?

Es gibt viele Gründe, nicht richtig zuzuhören:

- Wir meinen, wir wüßten etwas besser.

- Wir meinen, wir wissen schon, was gesagt wird.

- Es gibt zu viele Ablenkungen.

- Wir mögen den Sprecher oder die Botschaft nicht.

- Wir sind voreingenommen.

- Wir hören nur, was wir hören wollen.

- Wir ziehen voreilige Schlüsse.

- Wir würden lieber selbst reden – wir kommen uns so aktiver vor und meinen, wir hätten die Kontrolle.

- Wir lassen zu, daß unsere Gedanken abschweifen.

- Wir hören nur so lange zu, bis wir unterbrechen können.

Die Fähigkeit zuzuhören ist eine wichtige Führungseigenschaft, die meistens unterbewertet wird. Dabei reduziert richtiges Zuhören Kommunikationsbarrieren. Zuhören ist wichtig, um gute Beziehungen aufzubauen und zu erhalten sowie um Konflikte und Mißverständnisse zu vermeiden. Wenn Sie Personen, die mit anderen gut zusammenarbeiten, nach ihrem Geheimnis fragen, dann werden 90 Prozent davon mit hoher Wahrscheinlichkeit ihre Fähigkeit zum Zuhören nennen.

Wie können wir zuhören?

Es gibt viele Arten des Zuhörens: vom Abschalten bis hin zum aktiven, einfühlenden Zuhören.

»Mit halbem Ohr zuhören«

Schlechtes Zuhören kann schaden. Nur mit einem »halben Ohr« zuhören, zum Beispiel, macht sich auch in unserer Körpersprache bemerkbar und entmutigt und ärgert die meisten Gesprächspartner.

Passives Zuhören

Passives Zuhören (ausdruckslose Miene, keine nonverbalen Signale, um den Sprecher zu ermuntern) mag beim Fernsehen angebracht sein, hält aber einen Gesprächspartner davon ab weiterzureden.

Bestätigendes Zuhören

Wir können doppelt so viele Informationen durch »bestätigendes Zuhören« erhalten. Wenn wir nicken und »mmh« sagen, während der andere spricht, zeigen wir ihm, daß wir seinen Gedankengang verfolgen. Es ermuntert ihn weiterzusprechen, ohne seinen Redefluß zu unterbrechen. Der Nachteil des bestätigenden Zuhörens ist jedoch, daß es keine Feed-back-Möglichkeiten gibt, um unser Verstehen zu kontrollieren.

Aktives Zuhören

Aktives Zuhören stellt die höchste und schwierigste Qualität des Zuhörens dar. Sie erbringt aber den größten Gewinn an Informationen, an Verständnis und an Ergebnissen. Präzise Kommunikation ist beim aktiven Zuhören wahrscheinlicher als bei jeder anderen Form des Zuhörens.

Aktives Zuhören regt den Denkprozeß sowohl beim Sprecher als auch beim Zuhörer an und beide Teilnehmer beteiligen sich aktiver am Gespräch. Dieses Zuhören verlangt Gedankenarbeit: Man will umfassend verstehen, was

der Sprecher sagt. Dieses Verständnis wird dem Sprecher jeweils mitgeteilt, damit man als Zuhörer kontrollieren kann, ob man richtig liegt.

Die Rückmeldungen, die beim aktiven Zuhören erfolgen, können dem Sprecher auch helfen, seine Gedanken weiter zu verdeutlichen und besser zu vermitteln. Wörter und Gedanken sind häufig noch undeutlich, und Menschen sagen nur selten, was sie wirklich meinen. Eine Äußerung, die vom aktiven Zuhörer erfolgt, hilft dem Sprecher dann, seine Gedanken weiterzuentwickeln und gibt ihm die Möglichkeit, das bereits Gesagte näher zu erklären oder weitere Informationen hinzuzufügen. Beim aktiven Zuhören bekommen Sie mehr gute Informationen als bei irgendeiner anderen Form des Zuhörens. Dadurch wird der »Kommunikationstanz« wesentlich befriedigender.

Gehen Sie aus von dem, was Sie gehört und gesehen haben. Fassen Sie es gedanklich zusammen, und wiederholen Sie mit Ihren eigenen Worten entweder die Hauptargumente des Sprechers oder Ihren Eindruck von seiner Gefühlslage.

Die Botschaft, die durch aktives Zuhören vermittelt wird, lautet: »Ich möchte alles, was du zu sagen hast, hören und verstehen.« Beim aktiven Zuhören müssen wir auch unsere Augen einsetzen und die Körpersprache des Sprechers berücksichtigen.

Sprechpausen, die der andere zum Nachdenken braucht, nicht unterbrechen!

Sie können Rückmeldungen also entweder über Ihre Auffassung des Gesagten oder über die Gefühle, die dabei zum Ausdruck gekommen sind, geben. Entscheiden Sie sich für das, was zum Gespräch am besten paßt.

Beachten Sie aber auch, daß eine Rückmeldung, die aus der Haltung des aktiven Zuhörens stammt, nicht notwendigerweise Zustimmung bedeutet. Sie können dem Sprecher zustimmen oder seiner Mitteilung gegenüber ambivalent oder sogar gegensätzlicher Meinung sein. Auch wenn Sie nicht zustimmen, können Sie dem Sprecher trotzdem durch die Rückmeldungen des aktiven Zuhörens zeigen, daß Sie seine Position verstanden haben.

> *Achten Sie darauf, Ihr Verständnis auf eine eher vorläufige und nicht auf eine endgültige Weise zusammenzufassen.*

Es kann sein, daß der Sprecher Ihre Rückmeldung korrigieren möchte. Dies ist in Ordnung – es bedeutet nur, daß Sie noch nicht einwandfrei verstanden haben.

Wenn Ihre Rückmeldung schon der Meinung des Sprechers entspricht, werden Sie wahrscheinlich trotzdem noch manche Erläuterung oder manche Information von ihm erhalten. Auf alle Fälle werden Sie sehr viel über die Gedanken und die Ziele Ihres Gesprächspartners lernen.

> *Fassen Sie sich bei Ihrer Rückmeldung kurz, damit Ihre Konzentration auf den Sprecher gerichtet bleibt.*
>
> *Wenn mehrere Argumente angeführt werden, fassen Sie dasjenige zusammen, auf das Sie sich konzentrieren wollen. Damit können Sie das Gespräch in die von Ihnen gewünschte Richtung lenken.*
>
> *Reflektieren Sie nur das, was wirklich zum Vorschein kommt. Inszenieren Sie keine Ratespiele.*

Sobald Sie Ihre Rückmeldung gemacht haben, lassen Sie Ihrem Gesprächspartner einen Augenblick Zeit, bevor er Ihnen erwidert.

Bringen Sie Ihr Verständnis auf eher vorläufige Weise zum Ausdruck

- »Sie klingen ...«

- »Sie scheinen ...«

- »Dann wäre Ihre Idee ...«

- »Ihnen muß es so vorkommen, als ob ...«

- »Das muß Sie aber ärgern!«

- »Ich versuche es mal so zusammenzufassen ...«

- »Es scheint mir, Sie wollen sagen ...«

- »Sie müssen das Gefühl haben, daß ...«

- »Wenn ich Sie richtig verstanden habe ...«

Dies sind genaugenommen Aussagen. Sie sind Fragen vorzuziehen, weil man auf Fragen mit »Ja« oder »Nein« oder nur oberflächlich antworten würde. Dagegen ermuntern Rückmeldungen, die aus der Haltung des aktiven Zuhörens als Aussagen formuliert wurden, zu einer ausführlicheren Antwort.

Weil das aktive Zuhören soviel Anstrengung verlangt, werden Sie es vielleicht nicht ständig einsetzen wollen. Nutzen Sie aber Ihre Fähigkeit, aktiv zuzuhören, in den folgenden Situationen.

- Um Informationen herauszuholen:

  - um dem Sprecher zu zeigen, daß Sie zuhören, und um ihm zum Reden zu ermuntern;
  - wenn Sie mit neuen Gedanken konfrontiert werden;
  - wenn ein Problem zur Lösung ansteht und Sie sämtliche Fakten benötigen;
  - um den ganzen Sachverhalt herauszubekommen;
  - wenn Sie sich nicht sicher sind, was der Sprecher wirklich meint;

- In Konfliktfällen:

  - wenn Sie den Eindruck haben, daß Sie anderer Meinung als der Sprecher sind;
  - bevor Sie eine Auseinandersetzung anfangen oder Kritik üben;

- Um jemanden zu bestätigen oder zu unterstützen:

  - wenn der Sprecher offensichtlich gerne weiterreden möchte;
  - nachdem der Sprecher eine Ich-Mitteilung gemacht hat;

- In emotionsgeladenen Situationen:

  - um einen aufgebrachten Menschen zu beruhigen;
  - wenn der Sprecher etwas mit sehr emotionsgeladener Stimme geäußert hat;
  - wenn der Sprecher eine persönliche Angelegenheit bzw. ein persönliches Problem anspricht;
  - wenn der Sprecher über seine Gefühle spricht.

Benutzen Sie keine solchen Rückmeldungen, wenn Sie den Sprecher nicht akzeptieren und respektieren. Sie könnten zu leicht emotional gefärbte Wörter oder Phrasen und/oder einen kritischen Ton benutzen und dadurch den Sprecher vom Weiterreden abhalten, anstatt ihn dazu zu ermuntern.

Benutzen Sie das aktive Zuhören auch nicht als Ersatz für Selbstbehauptung oder als Möglichkeit, Ihre eigenen Gedanken oder Gefühle zu verstecken.

> *Bleiben Sie neutral. Es ist besser, weder Zustimmung noch Ablehnung zu zeigen, wenn Sie Rückmeldungen geben.*

Fünf Fähigkeiten, die zum aktiven Zuhören gehören

Paraphrasieren

Dies heißt, das Gesagte in eigene Worte zu übersetzen, um Ihr Verständnis zu überprüfen.

Sprecher: »*Ich empfinde dies als sehr frustrierend, weil ich wirklich mein Bestes gebe, um das Projekt rechtzeitig fertigzustellen. Ich leiste gerne die notwendigen Überstunden, aber es scheint mir, alles und alle sind gegen mich!*«

Rückmeldung: »*Es klingt, als ob Sie sich so richtig im Stich gelassen vorkommen und als ob Sie nicht genügend Unterstützung bekämen.*«

Sprecher: »*Ja, genauso ist es. Und ich ...*«

Gefühle reflektieren

Wenn jemand Emotionen und Gefühle zum Ausdruck bringt oder aufgeregt, wütend, verletzt wirkt, dann teilen Sie ihm Ihre Empathie mit.

Sprecher: »*Ich habe es satt! Wie soll ich die Abteilung richtig führen, wenn es im Haushaltsplan nur so von Ungenauigkeiten wimmelt. Ich verbringe meine Zeit damit, ständig Fehler auszubügeln, anstatt meine eigene Arbeit zu machen.*«

Rückmeldung: »*Das klingt wirklich ärgerlich.*«

Sprecher: »*Ja, und wie. Der Punkt ist, ich habe schon soviel zu tun, und diese zusätzlichen Belastungen sind das letzte, was ich gebrauchen kann.*«

Rückmeldung: »*Es klingt, als ob du es wirklich satt hättest.*«

Sprecher.: »*Ja, wahrscheinlich ... Aber was ich wirklich möchte ...*«

Ein weiteres Beispiel zeigt der folgende Dialog.

Sprecher:	*»Mit dieser Werbekampagne geht es keinen Schritt weiter!«*
Rückmeldung:	*»Du scheinst ziemlich frustriert zu sein.«*
Sprecher:	*»Ja, das bin ich. Es ist alles Gerede, ohne Taten. Wir können uns nicht mal über die Grundlagen einigen.«*

Inhalte reflektieren

Fassen Sie den Kern des Gesagten kurz zusammen.

Sprecher:	*»Während du weg warst, war jede Menge los. Angela hat ihr Auto demoliert und mußte ein paar Tage frei nehmen. Bernie hatte Grippe; und Kerry hat sich das Fußgelenk verstaucht. Wir mußten eine Aushilfskraft einstellen, und die hat es tatsächlich geschafft, die ganze Festplatte zu löschen. Ich freue mich, daß du wieder da bist.«*
Rückmeldung:	*»Na ja. Es klingt, als ob man dich so richtig auf Trab gehalten hat!«*
Sprecher:	*»Und wie! Ich meine, daß ich auch ganz gut damit zurechtgekommen bin. Jetzt erzähle ich dir, was ich gemacht habe ...«*

Synthese

Verschmelzen Sie mehrere Gedanken des Sprechers zu einem Hauptthema oder zu einer Hauptidee.

Sprecher:	*»Das erste, was passiert ist, war eine grundlegende Verfahrensänderung, die niemand hätte voraussagen können. Dann kündigte einer unserer besten Techniker. Dann wurde der Abgabetermin vorgezogen. Es kam eins zum anderen.«*

141

Rückmeldung: »*Es hat also einen ganzen Rattenschwanz von Problemen gegeben, die dieses Projekt ganz besonders schwierig machten.*«

Sprecher: »*Sie sagen es! Ich glaube, die Verfahrensänderung war dann noch das letzte I-Tüpfelchen. Wenn das nicht passiert wäre, hätten wir noch eine Chance gehabt.*«

Rückmeldung: »*Das klingt, als ob Sie meinen, alles wäre jetzt verloren.*«

Sprecher: »*Na ja, so weit würde ich nicht gehen. Wir stecken aber ganz schön im Schlamassel.*«

Lautes Phantasieren

Stellen Sie sich vor, wie es wäre, in der Haut des Sprechers zu stecken.

Manager: »*Ich bestehe darauf, daß die Berichte in Zukunft rechtzeitig fertig werden.*«

Angestellter: »*Es will mir anscheinend nicht gelingen, alle hier zufriedenzustellen! Alle kommandieren mich herum; alle beschweren sich. Wenn es nicht das eine ist, dann ist es das andere.*«

Manager: »*Sie müssen es ganz schön schwer haben.*«

Angestellter: »*Es ist nur, daß ...*«

Oder folgender Dialog:

Sprecher: »*Ich weiß nicht, für welche Richtung ich mich entscheiden soll. Es gibt für jede Alternative ein Für und Wider. Und eine falsche Entscheidung könnte gravierende Auswirkungen haben.*«

Rückmeldung: »*An Ihrer Stelle würde ich auch zögern, irgendeine Entscheidung zu treffen, aus Angst, es wäre die falsche.*«

Sprecher:	*»Ja, genauso ist es. Ich glaube, ich brauche mehr Informationen. Vielleicht werde ich mich nochmals bei Leuten kundig machen, die mehr Erfahrungen auf diesem Gebiet haben.«*

Wann sollten Sie mit dem aktiven Zuhören aufhören? Immer dann, wenn Sie den Eindruck bekommen, Ihr Gesprächspartner hat alles gesagt, und Sie kennen die ganze Geschichte. Dann gehen Sie zum nächsten Schritt über. Dies könnte zum Beispiel sein, daß Sie das Problem lösen; oder Sie könnten die Sache aus Ihrer Warte schildern, oder Sie könnten entscheiden, was als nächstes geschehen muß.

Mit einiger Übung werden Sie Ihre Fähigkeiten als Zuhörer verbessern. Echtes Zuhören geschieht aber nie mühelos und wird Ihnen immer eine Portion Selbstdisziplin und Engagement abverlangen.

Ihre Mühe wird aber durch die Ergebnisse belohnt. Schließlich ist es unwahrscheinlich, daß jemand Ihnen den Gefallen tut, Ihnen zuzuhören, wenn Sie ihm nicht die gleiche Ehre erweisen.

Kapitel 18
Erfahren Sie die ganze Geschichte

Für eine gute Kommunikation ist es unerläßlich, Sachen aus der Perspektive des anderen zu betrachten. Wir haben uns schon damit befaßt, wie wichtig es ist, sich auf den Sprecher zu konzentrieren und nicht nur mit den Ohren zuzuhören, sondern auch mit dem Herzen und den Augen, um die wirkliche Botschaft hinter den Wörtern zu empfangen. In diesem Kapitel werden wir uns mit den vier Schritten befassen, die uns helfen, ein vollständiges Bild einer Botschaft in Erfahrung zu bringen.

Vier Schritte zur ganzen Geschichte

Schritt 1: Stellen Sie offene Fragen

Wenn Sie eine geschlossene Frage stellen, ist die Wahrscheinlichkeit hoch, daß Sie nur eine geringe Informationsmenge erhalten werden. Die Gesprächspartner werden in der Regel mit einem einfachen »Ja« oder »Nein« oder mit einer kurzen faktischen Angabe antworten.

Geschlossene Fragen	
»Hast du ein Lieblingstier?«	»Ja, einen Hund.«
»Gefällt Ihnen Ihre Arbeit?«	»Ja.«
»Haben Sie irgendwelche Probleme?«	»Nein.«
»Magst du deinen Chef?«	»Ja.«

Mit geschlossenen Fragen kann man Fakten erfahren und verhindern, daß jemand zu weitschweifig erzählt. Sie eignen sich aber nicht dazu, den ganzen Zusammenhang herauszubekommen.

Um die ganze Geschichte in Erfahrung zu bringen, sollten Sie also offene Fragen einsetzen. Eine offene Frage ist jede, die Ihren Gesprächspartner ermutigt, nähere Angaben zu machen und weitere Details zu erwähnen.

Offene Fragen
»Erzähl mir von deinem Lieblingstier.«
»Was gefällt Ihnen am meisten bei Ihrer Arbeit?«
»Welchen Problemen sind Sie begegnet?«
»Wie ist dein Chef?«

Beachten Sie, daß offene Fragen auch Aussagen sein können. Es gibt keine festen Regeln bei den offenen Fragen, wie etwa: »Offene Fragen fangen immer mit wer, was, wo, wann, warum oder wie an«.

Offene Fragen zu stellen bedarf mehr Geschicklichkeit, als es den meisten Menschen bewußt ist.

Hier folgen einige Übungsbeispiele: Formulieren Sie die folgenden geschlossenen Fragen so um, daß daraus offene Fragen entstehen. Einige Anregungen dazu erhalten Sie im Anhang zu diesem Kapitel (s. Seite 148).

»Wann ist das passiert?« _____

»War Ihre Reise ein Erfolg?« _____

»Sagt Ihnen der Bewerber zu?« _____

»War Ihre Besprechung gut?« _____

»Warum ist das passiert?« _____

Versuchen Sie Fragen zu vermeiden, die mit »warum« anfangen, wie zum Beispiel: »Warum hast du das gemacht?« Ihre Gesprächspartner könnten bei solchen Fragen auf Abwehr schalten und werden dann zögern, Ihnen die gewünschte Auskunft zu geben.

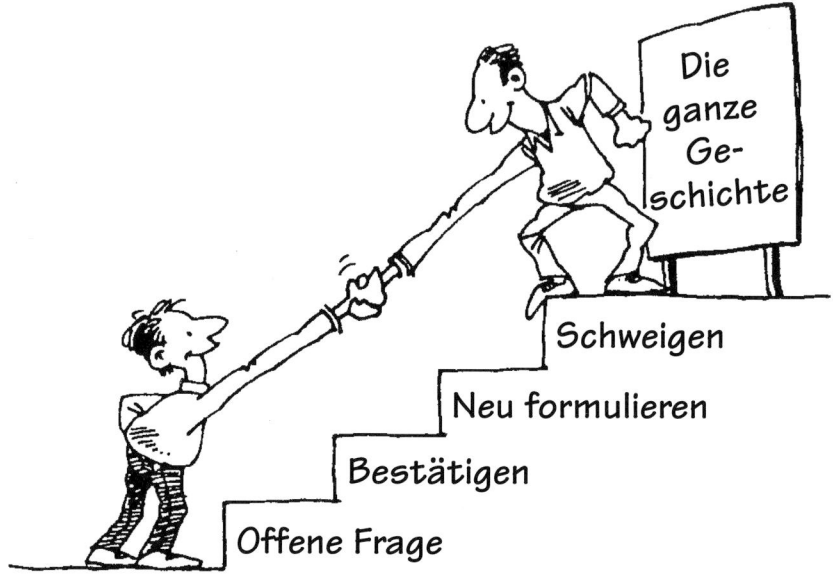

Schritt 2: Bestätigen

Während der Sprecher antwortet, benutzen Sie die Techniken des bestätigenden Zuhörens, um ihm zu zeigen, daß Sie tatsächlich zuhören, und um ihn zu ermuntern weiterzusprechen. Nehmen Sie also eine aufmerksame Körperhaltung ein, nicken Sie, und sagen Sie, ab und zu: »Mmh«.

Schritt 3: Neu formulieren

Anschließend benutzen Sie eine Rückmeldung aus der Haltung des aktiven Zuhörens. Wiederholen Sie mit Ihren eigenen Worten das Wesentliche von dem, was der Sprecher zum Ausdruck gebracht hat – ob Gefühle oder Inhalte, entscheiden Sie sich für das, was Sie für angebracht halten.

Dies gibt Ihnen Gelegenheit zu überprüfen, ob Sie das Gesagte richtig verstanden haben, und gestattet Ihrem Gesprächspartner, irgendwelche Mißverständnisse aufzuklären. Es hilft Ihnen auch, die ganze Geschichte zu erfahren, da auf Rückmeldungen des aktiven Zuhörens fast immer zusätzliche Informationen und Erklärungen seitens des Sprechers folgen.

Schritt 4: Schweigen

Nachdem Sie eine Rückmeldung aus der Haltung des aktiven Zuhörens eingesetzt haben, halten Sie inne. Geben Sie Ihrem Gesprächspartner Zeit, sich das, was Sie gerade gesagt haben, sowie seine Antwort darauf zu überlegen. Da das aktive Zuhören eher gutüberlegte Antworten stimuliert, könnte dies schon einige Sekunden dauern. Seien Sie also geduldig.

Spielen Sie die vier Schritte so häufig durch wie notwendig, um das Gesamtbild zu erhalten. Wenn Sie dann an der Reihe sind, Ihren Standpunkt darzulegen, können Sie auf dem tiefgehenden Verstehen seines Standpunktes aufbauen.

Anhang:
Von geschlossenen zu offenen Fragen

Ihre Vorschläge können auch ganz anders aussehen. Sie sollten die folgenden Möglichkeiten nur als Beispiele betrachten.

Um zu überprüfen, ob es Ihnen gelungen ist, die geschlossenen Fragen in offene abzuändern, fragen Sie sich, ob es möglich ist, Ihre Frage mit einem einfachen »Ja« oder »Nein« oder mit einer kurzen faktischen Angabe zu beantworten. Wenn dies möglich wäre, dann handelt es sich immer noch um geschlossene Fragen.

Wann ist das passiert?	Was hat dazu geführt?
War Ihre Reise ein Erfolg?	Was haben Sie während Ihrer Reise erreicht?
Sagt Ihnen der Bewerber zu?	Inwieweit meinen Sie, daß der Bewerber unseren Anforderungen entspricht?
War Ihre Besprechung gut?	Was hat sich bei Ihrer Besprechung ergeben?
Warum ist das passiert?	Wie ist es dazu gekommen?

Kapitel 19
Stellen Sie die richtigen Fragen

Manchmal müssen wir den anderen helfen, damit sie uns gute Informationen geben können. In so einem Fall können wir Fragen stellen, um die ganze Geschichte herauszubekommen und ergänzende Details zu erfahren, um zu einem klaren Bild zu gelangen. Durch Fragen kann man auch den Bezugsrahmen sowie die Wünsche, Bedürfnisse, Hoffnungen und Ängste eines Gesprächspartners ermitteln.

Vermeiden Sie unnütze Fragen

Fragen zu stellen ist schon eine Kunst für sich. In Kapitel 11 sahen wir schon, welche Gefahren darin stecken, Scheinfragen zu stellen. In Kapitel 18 beobachteten wir, daß geschlossene Fragen nicht geeignet sind, um gute Informationen zu erhalten, und daß »Warum-Fragen« Menschen in eine Abwehrhaltung bringen können. Genauso wie Scheinfragen, geschlossene Fragen und »Warum-Fragen« sollten Sie Suggestivfragen und Mehrfachfragen vermeiden.

Suggestivfragen

Eine Suggestivfrage beinhaltet schon die Antwort. Der Gefragte hat kaum eine Chance, eine »falsche« Antwort zu geben.

- Ein Personalleiter könnte einen Stellenbewerber fragen: »Würden Sie diese Stelle annehmen, wenn Sie sie bekommen würden?«
- Ein Manager könnte einen Mitarbeiter fragen: »Das werden Sie doch schaffen, oder?«
- Jemand könnte seinen Partner fragen: »Schmeckt dir das Essen, Liebling?«

Mehrfachfragen

Eine Mehrfachfrage ist eine Frage, die eigentlich mehrere enthält. Dies ist verwirrend, da man nicht weiß, welche Frage man zuerst beantworten soll. Meistens beantwortet man dann nur die letzte Frage. Wenn man einer Kette von Fragen ständig weitere hinzufügt, wird jede weitere noch abgedroschener und bedeutungsloser als die vorhergehende. Im Endeffekt kommt dann dabei nur sehr wenig heraus.

- Ein Manager könnte einen Mitarbeiter fragen: »Wie sind Sie damit weitergekommen? Hatten Sie irgendwelche Schwierigkeiten? Gibt es etwas, das Sie mir gerne erzählen möchten? Irgend etwas? Oder war wirklich alles in Ordnung?«
- Jemand könnte einen Kollegen fragen: »Meinst du, ich sollte in deine Abteilung überwechseln? Wie es, dort zu arbeiten? Sind alle freundlich? Sind sie pedantisch, oder geht es eher leger zu? Meinst du, ich. sollte wechseln?«

● Ein Manager könnte einen Angestellten fragen: »Ich mache mir Sorgen, weil Sie in letzter Zeit so still und deprimiert wirken. Ich habe mich gefragt, ob Sie vielleicht zu Hause ein Problem haben. Oder vielleicht haben Sie alles in Ordnung gebracht? Oder gibt es ein Problem bei der Arbeit, das Sie gerne mit mir besprechen würden? Oder ist es nur so, daß Sie sich in letzter Zeit etwas zurückgezogen haben?«

Wie Sie sicher erkennen, sind Mehrfachfragen nicht besonders nützlich, um gute Informationen zu erhalten.

Stellen Sie Ihre Fragen auf neutrale Weise

Wenn wir Informationen, Meinungen oder sogar Tatsachen in Erfahrung bringen wollen, sollten wir unsere Fragen in einem neutralen, nicht in einem provozierenden Ton stellen. Der andere muß den Umgang mit uns als so zwanglos erleben, daß er auch damit einverstanden ist, uns die gewünschten Informationen zu geben.

Ein neutraler Tonfall, in Verbindung mit den nachfolgenden Empfehlungen eingesetzt, wird Ihnen helfen, Kommunikationspannen und Mißverständnisse zu vermeiden. Sie werden Unklarheiten beseitigen und die ganze Geschichte herausbekommen können.

Verwenden Sie allgemeine, sondierende und nonverbale Fragen

Allgemeine Fragen

Eine allgemeine Frage eignet sich dazu, ein Thema einzuführen bzw. eines festzulegen, das Sie weiterverfolgen möchten.

> *»Jan, du hast gerade deine Schwierigkeiten mit dem Etikettiervorgang erwähnt. Könntest du mir mehr davon erzählen?«*

Sondierende Fragen

Sondierende Fragen sind solche, die das Thema weiter vertiefen, das Sie erkunden möchten.

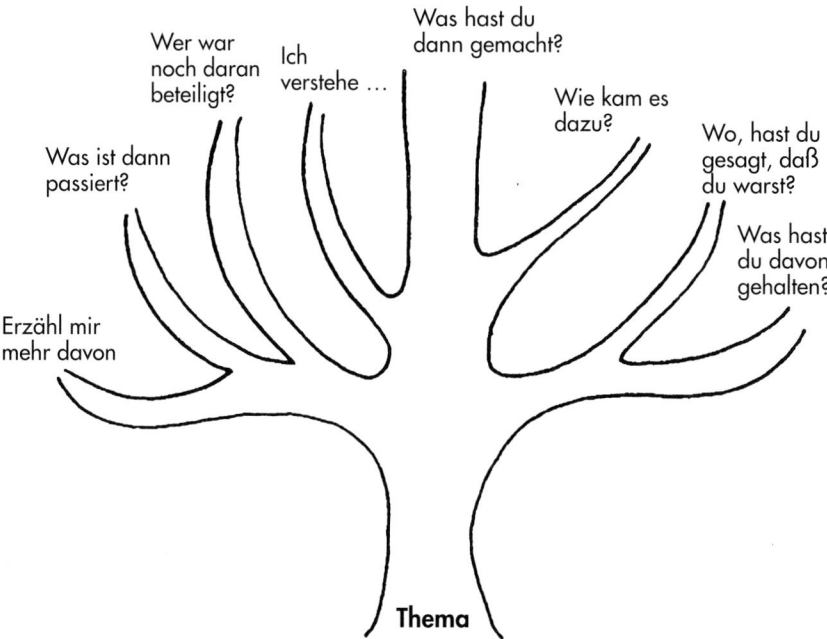

Nonverbale Fragen

Man kann auch Fragen nonverbal stellen: die hochgezogene Augenbraue, die abwartende Pause, das »Mmh?« mit steigender Betonung. Dies ermutigt die meisten Leute, fortzufahren.

Helfen Sie anderen, ihre Aussagen zu präzisieren

Stellen Sie sich vor, daß jemand eine vage Aussage macht wie z.B.:

> *»Das ist mir nicht gut genug.«*
>
> *»Das kann ich nicht akzeptieren.«*
>
> *»Er ist sehr reich.«*
>
> *»Sie ist total unzuverlässig!«*

In einem solchen Fall können Sie dem Betreffenden helfen, seine Aussage zu präzisieren, indem Sie sinngemäß fragen: »Was heißt (den vagen Begriff hier einsetzen) genau?« Ihr Ziel besteht darin, dem anderen dabei zu helfen, seine Kommunikation klarer und konkreter zu gestalten. Sonst werden Sie nie mit Sicherheit wissen, was er eigentlich meint.

Es folgen nun einige Beispiele, wie dies in der Praxis aussehen kann:

»Das ist mir nicht gut genug.«

Antwort: *»Mir ist nicht ganz klar, was Sie genau meinen mit ›nicht gut genug‹. Was müßte ich tun, um es gut genug zu machen?«*

Oder: *»Auf welche Weise ist es nicht gut genug?«*

»Das kann ich nicht akzeptieren.«

Antwort: *»Wodurch könnte es für Sie akzeptabel werden?«*

Oder: *»Können Sie mir genauer sagen, was daran für Sie nicht akzeptierbar ist?«*

»Er ist sehr reich.«

Antwort: *»Wie reich?«*

»Sie ist total unzuverlässig!«

Antwort: *»Wie zeigt sich das konkret?«*

153

Verdeutlichen Sie Annahmen und »Regeln«

Wörter wie »sollte«, »sollte nicht«, »müßte« und »kann nicht« setzen eine Annahme oder eine stillschweigende Regel voraus. Es ist häufig sehr nützlich, solche Annahmen und unausgesprochene Regeln ans Tageslicht zu bringen und sie in bezug auf die Wirklichkeit zu überprüfen. Dies kann geschehen, indem man eine Frage stellt.

Die einfache Wiederholung des betreffenden Wortes bzw. des betreffenden Satzteils in einem fragenden Tonfall kann den Sprecher schon dazu ermuntern, seine Aussage zu verdeutlichen: »Sollte?«, »Sollte nicht?«, »Du mußt?«, »Du hast den Eindruck, du sollst?« Sie können aber auch fragen: »Was würde passieren, wenn du es machen/nicht machen würdest?«

Je nach Situation können Sie eine solche Frage auch etwas abmildern, indem Sie diese eher als nachdenkliche Aussage formulieren, etwa: »Ich frage mich, was passieren würde, wenn du nicht ... tun würdest« oder »Ich bin neugierig, was genau du meinst ...«.

Sie sollten dabei besonders darauf achten, auf nonverbale Weise Rapport zu Ihrem Gesprächspartner herzustellen. Sonst könnte er sich, wenn Sie seine Annahmen und »Regeln« aufdecken, auch selbst in Frage gestellt fühlen.

Machen Sie Verallgemeinerungen dingfest

Unser Gehirn versucht die komplizierten und häufig widersprüchlichen Abläufe des Alltags zu ordnen. Dies hilft uns, ohne allzu viele Konflikte und auf reibungslose Weise durch den Tag zu kommen.

Während wir jedoch dabei sind, Ordnung zu schaffen, erzeugen wir Verallgemeinerungen, das heißt, wir schließen von einer Situation auf alle ähnlich gelagerten Situationen.

Wenn Sie zum Beispiel einen autoritären, rücksichtslosen Chef haben, könnten Sie zu dem Schluß kommen, daß alle Vorgesetzten so sind. Wenn Sie mit einigen Teammitgliedern schlechte Erfahrungen gemacht haben, könnten Sie verallgemeinern, daß alle Mitarbeiter faul, verantwortungslos und unzuverlässig sind. Wenn Sie einmal von einem Vorgesetzten durch den Kakao gezogen wurden, könnten Sie darauf schließen, daß alle Vorgesetzten mit Vorsicht zu genießen sind.

Genauso wie es vorteilhaft ist, Annahmen und unausgesprochene Regeln ans Tageslicht zu bringen, gilt dies auch für solche Verallgemeinerungen. Hinweise darauf sind Wörter wie »immer«, »niemals«, »alle« und »jede«. Auch in diesem Fall können Fragen gestellt werden wie: »Immer?«, »Niemals?«, »Was würde passieren, wenn Sie doch ... tun würden?« Dadurch werden neue Aspekte zum Vorschein kommen.

Auf ähnliche Weise können wir Fragen stellen, um mehrdeutige Wörter wie »sie« in dem Satz »sie werden das nicht zulassen« zu ergründen. Fragen wie »Wer wird das nicht zulassen?« oder »Was würde passieren, wenn wir es trotzdem machen würden?« werden meistens wertvolle Informationen liefern.

Hinterfragen Sie Vergleiche

Vergleiche sind an der Tagesordnung. Wörter wie »besser«, »schlechter«, »leichter«, »schwieriger« sind Signale dafür, daß Sie den mitschwingenden Vergleich deutlich machen müssen, um dessen Gültigkeit zu untersuchen. Dies bringt Ihnen ebenfalls sehr viele nützliche Informationen.

Die Feststellung »Er ist der beste Mann für die Stelle« könnte Sie veranlassen zu fragen: »Besser als wer?« oder »Besser als welche anderen Männer?« oder »Besser als eine Frau?!«

»Besser als was?«, »Schlechter als was?«, »Leichter als was?« sind Fragen, die Vergleiche aufdecken und prüfen.

Vermeiden Sie Verhöre

Manchmal müssen Sie sehr viele Informationen möglichst schnell sammeln. Dies könnte dazu führen, daß Sie eine Kette von geschlossenen Fragen stellen. Nehmen wir an, Sie gehen in eine Reifenhandlung, um einen Satz neuer Reifen zu kaufen. Der Verkäufer wird Ihre Fahrgewohnheiten ermitteln müssen, damit er die richtigen Reifen für Ihre Bedürfnisse empfehlen kann.

Stellen Sie sich ein solches Gespräch vor:

Verkäufer: *»Wie viele Kilometer fahren Sie pro Jahr?«*

Kunde: *»Etwa 20.000 Kilometer.«*

Verkäufer: *»Auf welcher Art von Straßen?«*

Kunde: *»Meistens auf Asphalt. Am Wochenende manchmal auf unbefestigten Wegen.«*

Verkäufer: *»Geschwindigkeit?«*

Kunde: *»Nicht zu schnell und nicht zu langsam.«*

Verkäufer: *»Was für Ladung haben Sie dabei?«*

Kunde: *»Am Wochenende die Familie, sonst fahre ich meistens allein.«*

Unser Verkäufer hat schon einige Informationen bekommen, aber es klingt doch sehr nach Verhör. Nehmen wir an, der Verkäufer würde jede Frage etwas abfedern, indem er immer eine kurze Zusammenfassung voranstellt. Dies zeigt dem Kunden, daß man ihm zuhört, und macht das Gespräch zu einer gelassenen, freundlichen Unterhaltung.

Verkäufer: *»Wie viele Kilometer fahren Sie im Durchschnitt?«*

Kunde: *»So etwa 20.000 Kilometer im Jahr.«*

Verkäufer: *»Ich verstehe. Das ist etwa der normale Durchschnitt. Auf welcher Art von Straßen fahren Sie für gewöhnlich?«*

Kunde: *»Meistens auf Asphalt. Am Wochenende auch mal auf unbefestigten Wegen, aber nicht sehr häufig.«*

Verkäufer: *»Also meistens auf guten Straßen.«*

Kunde: *»Nur, jeden Tag fahre ich auch kurz rauf in den Wald zum Joggen.«*

156

Verkäufer: »*Gut, daß Sie mir das sagen. Das verursacht Verschleiß an Ihren Reifen. Ich nehme an, Kurventauglichkeit und Fahreigenschaften sind Ihnen wichtig?*«

Kunde: »*Ja, unbedingt.*«

Verkäufer: »*Und mit welchen Geschwindigkeiten fahren Sie in der Regel?*«

Kunde: »*Ich halte mich meistens an die Geschwindigkeitsbegrenzungen.*«

Verkäufer: »*Also brauchen wir keinen Hochgeschwindigkeitsreifen. Wie ist Ihre Zuladung?*«

Kunde: »*Die Familie fährt nur am Wochenende mit, sonst fahre ich alleine.*«

Bei dieser Variante hat der Verkäufer wesentlich mehr Informationen erhalten, die er berücksichtigen kann. Zusätzlich haben wir einen Kunden, der entspannt ist und wohl eher etwas kaufen wird.

Um zu verhindern, daß eine Reihe von sachlichen Fragen zu einem Verhör gerät, fassen Sie jede Antwort kurz zusammen, bevor Sie zur nächsten Frage übergehen.

ALSO, SIE NEHMEN NUR DIE FAMILIE MIT ? ...

MENSCH, DER HÖRT MIR RICHTIG ZU!

Überprüfen Sie mit Fragen, ob Ihre Botschaft wirklich verstanden wurde

Fragen können auch eingesetzt werden, wenn wir uns rückversichern möchten, daß der andere unsere Botschaft auch verstanden hat. So könnten Sie jemanden, dem Sie gerade eine Anweisung gegeben haben, fragen, wie er vorhat weiterzumachen. Dies wird Ihnen zeigen, ob Sie sich deutlich genug ausgedrückt haben, oder Sie könnten jemanden bitten, seine Version einer gerade getroffenen Abmachung für Sie zusammenzufassen, um irgendwelchen Mißverständnissen vorzubeugen.

Wie auch immer Sie fragen werden, Ihr Ziel besteht darin, sich selbst Sicherheit zu verschaffen, daß eine klare Kommunikation stattgefunden hat, bevor Sie fortfahren. Dies wird spätere Probleme und Pannen verhindern.

Machen Sie es sich zur Gewohnheit, Fragen zu stellen, um gute Informationen herauszubekommen. Dadurch ersparen Sie sich Zeit und Frust.

Vierter Teil
Achten Sie auf die Körpersprache!

Besser kommunizieren durch die
Beherrschung der Körpersprache

Kapitel 20
Grundlagen der Körpersprache

Obwohl manche Menschen die Körpersprache besser deuten können als andere, sind wir darin eigentlich alle Experten. Wir deuten sie jeden Tag, meistens unbewußt. Wir erkennen augenblicklich, ob jemand freundlich oder selbstsicher, vertrauenswürdig oder ehrlich ist.

So sollte es auch sein. Spontaner und automatischer Einsatz einer Fähigkeit bedeutet auch, daß man Experte ist. Da die Körpersprache etwa 65 Prozent einer gesprochenen Botschaft ausmacht, ist es besonders nützlich, diese Sprache zu beherrschen.

Indem wir uns die Grundlagen der Körpersprache bewußtmachen, können wir unsere Kommunikation wesentlich verbessern. Wir können dafür sorgen, daß die Signale, die wir durch unsere Körpersprache an andere übermitteln, auch unserer verbalen Botschaft entsprechen. Dadurch werden sich andere Menschen eher ermuntert fühlen, mit uns zu kommunizieren.

Wenn wir auf die Körpersprache unserer Gesprächspartner achten, können wir Probleme, wie mangelndes Verständnis, Ablehnung oder einen aufkeimenden Konflikt, früher erkennen. Wir können auch Signale eher aufnehmen, die Unterstützung, Zustimmung oder Ermunterung bedeuten. Wir können unsere Wahrnehmung verbessern und eher den richtigen Zeitpunkt abpassen, um uns zu Wort zu melden oder zu schweigen, auf Zustimmung zu drängen oder den rechten Augenblick abzuwarten, um lockerzulassen oder Druck auszuüben.

Die Körpersprache läuft häufig auf einer unbewußten Ebene ab. Sie ist kein sicheres Mittel, um Botschaften von einem Menschen zum anderen zu übermitteln; aber sie ist oft aufschlußreicher als verbale Sprache. Unsere Kommunikation kann wirksamer werden, wenn wir sowohl unsere eigene Körpersprache, als auch diejenige der anderen berücksichtigen.

Kapitel 21
Körpersprache kommt von innen

Eine Voraussetzung für Erfolg ist die Meinung, die wir von uns selbst haben – unser Selbstwertgefühl und unser Selbstbild. Alles, was wir tun und sagen, ergibt sich daraus.

Selbstwertgefühl

Das Selbstwertgefühl hat damit zu tun, wie hoch wir uns selbst einschätzen, welche Erwartungen wir an uns selbst stellen, inwieweit wir uns selbst annehmen.

Wie ausgeprägt ist Ihr Selbstwertgefühl? Wie schätzen Sie sich ein?						
	5	4	3	2	1	
Handeln Sie entschlossen?						Handeln Sie unsicher?
Treffen Sie Ihre Entscheidungen selbst?						Überlassen Sie die Entscheidung lieber anderen?
Suchen Sie Lösungen für Probleme?						Lassen Sie sich von Problemen überwältigen?
Gehen Sie Risiken ein?						Gehen Sie auf Nummer Sicher?
Handeln Sie aktiv?						Geben Sie auf?

Selbstbild

Unser Selbstbild ergibt sich aus unserem Selbstwertgefühl. Es richtet sich danach, wie wir uns selbst erleben. Sind wir fähig oder hilflos, schüchtern oder umgänglich, sanft oder streng, lernen wir schnell oder langsam, sind wir zuverlässig oder chaotisch?

Der innere Monolog

Eine gute Möglichkeit, Ihr Selbstwertgefühl kennenzulernen, ist es, Ihrem inneren Monolog – also den Botschaften, die Sie im Laufe des Tages an sich selbst richten – zu lauschen. Probieren Sie es mit folgender Übung:

Was sagen Sie zu sich selbst in den folgenden Situationen?

Wenn Sie gerade vor Ihren Kollegen einen Fehler gemacht haben:

_____

_____

Wenn Sie etwas zum ersten Mal tun und es schwierig finden:

_____

_____

163

Wenn Sie ein Versprechen verschwitzt haben:

_____

_____

Wenn Sie zu einer Konferenz gehen, deren Teilnehmer Sie nicht kennen:

_____

_____

Wenn Sie zu Ihrem Chef bestellt worden sind und nicht wissen, warum:

_____

_____

Wenn Sie auf dem Weg zum Einkaufen stolpern:

_____

_____

Wenn Sie feststellen, daß Sie zu einem wichtigen Termin zu spät kommen werden:

_____

_____

Wenn Sie Ihr Konto nicht ausgleichen können:

_____

_____

Wenn Sie etwas besonders gut gemacht haben:

_____

_____

Ihre Antworten geben Ihnen Aufschluß über den inneren Monolog, wie dieser normalerweise bei Ihnen abläuft. Im Anhang zu diesem Kapitel werden Sie weitere Informationen dazu erhalten.

Was sagen Sie sich in Ihren Selbstgesprächen? Senden Sie sich selbst herabsetzende, ablehnende, negative Botschaften? Oder schicken Sie sich eher aufmunternde, bekräftigende, verstärkende Mitteilungen? Egal, ob Sie recht oder unrecht haben, Sie werden Ihrem inneren Monolog immer glauben. Er bekommt dadurch für uns Wahrheitscharakter.

> *Überwachen Sie Ihren inneren Monolog. Denken Sie positiv, um positiv zu handeln, um positive Ergebnisse zu erzielen.*
>
> *Um Ihr Selbstwertgefühl zu verbessern, sollten Sie dafür sorgen, daß Ihre Selbstgespräche Sie aufbauen und Sie nicht kleinmachen.*

Selbstgespräche gehen in Erfüllung

Menschen, die sich selbst als zurückhaltend und ungeschickt erleben, die meinen, sie hätten wenig zu bieten, werden sich tatsächlich anders benehmen als Menschen, die sich selbst als umgänglich und fähig erleben und wissen, daß sie etwas zu bieten haben. Diese werden auch mehr Erfolg haben.

Wir befinden uns in einem Kreislauf: die sich selbst erfüllende Prophezeiung.

> *Wie wir uns einschätzen und sehen, bestimmt alles, was wir tun und sagen.*
>
> *Unser Auftreten bestimmt in erheblichem Maß die Ergebnisse, die wir erreichen.*

Der stärkste Faktor für unseren Erfolg sind wir selbst. Wenn wir uns einreden, wir seien langweilige, unbeholfene Gesprächspartner, werden uns die anderen den Gefallen tun und uns entsprechend behandeln. Sie werden das Tempo für den »Kommunikationstanz« bestimmen. Unser ungünstiges Selbstbild wird dadurch noch verstärkt.

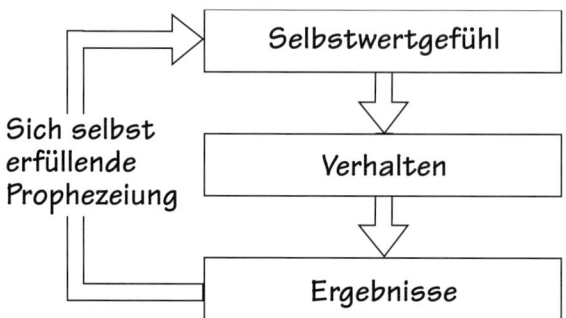

Wenn die vorausgesagten Ergebnisse einmal nicht eintreffen, dann ignorieren wir dies. Wenn das aber nicht möglich ist, dann interpretieren wir sie um, bis sie doch in unsere Vorstellungen passen.

Das Gehirn wird – in seinen Bemühungen um Ordnung und Stabilität – Informationen, die unserem Selbstbild widersprechen, entweder ignorieren oder verdrehen. Wenn man versucht, einen sehr schüchternen Menschen freundlich anzusprechen, wird er dies kaum registrieren. Das Unterbewußtsein befiehlt: »Das Selbstbild der Schüchternheit darf keinen Schaden erleiden – sorge dafür, daß es sich bewahrheitet!«

Was hat all dies mit Körpersprache zu tun? Ihr Selbstbild und Selbstwertgefühl verraten sich, bevor Sie überhaupt den Mund aufmachen: wie Sie

sich anziehen und bewegen, wie Sie Blickkontakt halten und welche Sitzhaltung Sie einnehmen. Selbstwertgefühl und Selbstbild bestimmen den Takt also schon, bevor der Kommunikationstanz beginnt.

Pflegen Sie Ihr Selbstwertgefühl

Anstatt in Schuldgefühlen zu schwelgen: Betrachten Sie Ihre Fehler als wertvolle Erfahrungen.

Anstatt zu Hause herumzusitzen: Nehmen Sie an Aktivitäten teil, die Ihnen Spaß machen, und entwickeln Sie Ihre Fähigkeiten.

Anstatt zuviel zu essen und zu trinken und sich zuwenig Bewegung zu verschaffen: Pflegen Sie sich selbst, kümmern Sie sich um Ihre Gesundheit.

Anstatt sich auf Ihre Niederlagen zu konzentrieren: Stellen Sie Ihre Erfolge heraus.

Anstatt anderen die Schuld zuzuweisen: Übernehmen Sie die Verantwortung für Ihr Leben. Suchen Sie die Ursache für alles, was Ihnen widerfährt, zuerst bei sich selbst.

Anstatt sich mit Verlierern abzugeben: Suchen Sie Kontakt zu Menschen mit positivem Selbstwertgefühl.

Anstatt sich selbst und andere kritisch zu betrachten: Suchen Sie nach positiven Aspekten.

Anstatt Ihre Leistungen mit Sprüchen wie »Es bedeutet eigentlich nichts« abzuwerten: Bestätigen Sie das Lob anderer, sagen Sie »Danke schön«. Genießen Sie Komplimente ohne Verlegenheit.

Viele Inhalte unseres Selbstwertgefühls und Selbstbildes liegen in unserem Unterbewußtsein. Dennoch werden unser Verhalten und die Ergebnisse, die wir erreichen, dadurch bestimmt. Je besser wir uns daher selbst verstehen, desto mehr werden wir unser Verhalten sowie unsere Reaktionen auf andere Menschen, Ereignisse und Situationen bewußt beeinflussen können. Mit einem hohen Selbstwertgefühl und einem starken Selbstbild werden sich unsere Handlungsmöglichkeiten vervielfachen. Wir werden in jeder Situation einen größeren Handlungsspielraum haben. Auch unsere kommunikativen Fähigkeiten werden sich dadurch erheblich verbessern.

Anhang
Ihr innerer Monolog als Diagnose für Ihr Selbstwertgefühl

	Anzeichen von geringer Selbstachtung	Anzeichen von hoher Selbstachtung
Wenn Sie gerade vor Ihren Kollegen einen Fehler gemacht haben, dann sagen Sie sich:	»Jetzt werden Sie wissen, wie dumm ich bin.«	»Nächstes Mal werde ich ...«
Wenn Sie etwas zum ersten Mal machen und es schwierig finden, dann sagen Sie sich:	»Ich bin doch so blöd, ich kann das nie lernen!«	»Ich bin schon früher mit ähnlichen Problemen fertig geworden. Ich werde das auch schaffen.«
Wenn Sie ein Versprechen verschwitzt haben, dann sagen Sie sich:	»Was bin ich blöd und vergeßlich!«	»Das paßt eigentlich nicht zu mir. Das werde ich wieder in Ordnung bringen.«
Wenn Sie zu einer Konferenz gehen, deren Teilnehmer sie nicht kennen, dann sagen sie sich:	»Ich hasse das. Ich komme mit fremden Menschen nie zurecht.«	»Dies wird eine Herausforderung sein. Ich werde gelassen bleiben, und alles wird schon glattgehen.«

	Anzeichen von geringer Selbstachtung	Anzeichen von hoher Selbstachtung
Wenn Sie zu Ihrem Chef bestellt worden sind und nicht wissen, warum, dann sagen sie sich:	»Jetzt werde ich es abkriegen. Was habe ich schon wieder falsch gemacht?«	»Ich bin neugierig, was jetzt geschehen wird.«
Wenn Sie auf dem Weg zum Einkaufen stolpern, dann sagen Sie sich:	»Wie ungeschickt ich bin. Ich kann nicht mal die Straße entlanggehen, ohne daß ich mich blamiere!«	»Hoppla! Ich sollte besser darauf achten, wo ich hintrete!«
Wenn Sie feststellen, daß Sie zu einem wichtigen Termin zu spät kommen werden, dann sagen Sie sich:	»Man kann sich darauf verlassen, daß ich mich verspäte. Ich komme eben immer zu spät. Ich vermassele alles.«	»Es paßt eigentlich gar nicht zu mir, daß ich mich verspäte. Wo ist ein Telefon, damit ich Bescheid sagen kann.«
Wenn Sie Ihr Konto nicht ausgleichen können, dann sagen Sie sich:	»Ich bin bei Geldsachen hoffnungslos. Das werde ich nie schaffen.«	»Das muß jetzt erledigt werden. Ich weiß, daß ich es schaffen kann.«
Wenn Sie etwas besonders gut gemacht haben, dann sagen Sie sich:	»Auch ein blindes Huhn findet mal ein Korn.«	»Bei solchen Sachen bin ich besonders gut!«

Kapitel 22
Es kommt auf den ersten Eindruck an!

Sie haben nur eine Chance, einen günstigen Ersteindruck zu hinterlassen.

Ob zu Recht oder zu Unrecht, die ersten Eindrücke sind häufig bleibende Eindrücke. Sie können uns einen tollen Anfang bescheren, oder sie können uns auf absehbare Zeit belasten.

Ihr Image – Kleider machen Leute

Der erste Eindruck beruht zu einem großen Teil auf unserem Aussehen: Kleidung, Schmuck, Accessoires, Frisur usw. Andere Faktoren, über die wir weniger Kontrolle haben wie Körpergröße und Gewicht, spielen ebenso eine Rolle.

Fangen wir mit der eher symbolischen Kommunikation durch die Bekleidung an. Zu Hause können Sie anziehen, was Sie wollen. Im Berufsleben sollten Sie sich gepflegt anziehen und sich nach der ungeschriebenen, aber trotzdem real existierenden »Kleiderordnung« in Ihrem Betrieb richten, dies kann lässige Kleidung sein bis hin zum gedeckten Anzug bzw. Kostüm. Modische Extreme sollten vermieden werden.

Wenn Sie es noch nicht getan haben, dann werfen Sie einen Blick auf die Menschen in Ihrer Umgebung und entwerfen Sie Ihr eigenes Image. Ihr Ziel sollte sein, wie ein kompetenter Profi zu wirken. Wenn Sie Karriere machen wollen, wäre es sinnvoll, sich in Ihrer Kleidung an den Menschen der nächsthöheren Stufe zu orientieren. Oder Sie richten sich nach den Mitarbeitern einer Abteilung, in die Sie gerne wechseln würden. Es wird dann so aussehen, als ob Sie schon dazugehörten, und Ihre Chancen auf eine Beförderung bzw. einen Wechsel werden wesentlich erhöht.

Wenn Sie als kompetenter Vertreter Ihres Berufes angesehen werden wollen, tragen Sie Kleidung und Accessoires von der besten Qualität, die Sie sich leisten können. Zugegeben, dies hat nichts mit Ihrer Kompetenz zu tun; auf symbolischer Ebene signalisieren Sie jedoch eine deutliche Aussage über sich selbst und bestimmen, wie Sie von anderen wahrgenommen werden.

Körpersprache – Gestik und Haltung

Der Rest des ersten Eindrucks wird durch unsere Körpersprache bedingt. Eine Körpersprache, die einen vorteilhaften Eindruck hinterläßt, die uns Aufmerksamkeit und Respekt verschafft, enthält zwanglose Gesten mit offenen Händen sowie eine aufrechte Körperhaltung mit erhobenem Kopf.

Erzeugen Sie einen positiven Ersteindruck durch Haltung, Gestik und Mimik sowie durch Ihre Selbstdarstellung – vor allem durch Kleidung und Accessoires.

Ebenfalls wesentlich sind fester Augenkontakt (ohne zu starren), entweder mit neutralem Ausdruck oder mit einer Miene, die Ihre Gefühle widerspiegelt, sowie eine entspannte, aber nicht schlaffe Kieferhaltung.

Lächeln Sie – es sei denn, dies wäre eindeutig unangebracht. Ein herzliches Lächeln setzt Endorphine (chemische Stimmungsaufheller) frei. Es kann nicht ausbleiben, daß dies sowohl Ihren Ersteindruck wie auch den ganzen Kommunikationsprozeß verbessert.

Die Hand zum Gruß ist besonders dann angebracht, wenn Sie jemanden kennenlernen oder wenn Sie ihn längere Zeit nicht gesehen haben. Der körperliche Kontakt führt eine herzliche Atmosphäre herbei und bereitet eine freundliche Begegnung vor. Dieses Gefühl können Sie verstärken, wenn Sie Ihre Freude über die Begegnung offen zeigen.

Lassen Sie Ihre Stimme klingen!

Ihre ersten Worte werden den Ton für das folgende Gespräch angeben. Ihre Stimme sollte fest, ruhig und stark klingen, ohne zu laut oder zu leise zu sein. Ihre Wörter sollten ohne ungeschicktes Zögern, in einem gleichmäßigen, ruhigen Tempo fließen. Dabei sollten Sie Schlüsselbegriffe betonen.

Erste Eindrücke sind immer entscheidend. Sorgen Sie dafür, daß sie zu Ihren Gunsten ausfallen.

Kapitel 23
Lenken Sie Ihre Körpersprache

Wie schon in Kapitel 20 festgestellt, können die meisten Menschen Körpersprache schnell und treffend einschätzen, obwohl dies meistens unbewußt geschieht.

Die wenigsten von uns aber achten auf die eigene Körpersprache. Dadurch bringen wir uns selbst um Möglichkeiten, unsere nonverbalen Botschaften – und damit letztendlich den Kommunikationsprozeß – selbst zu kontrollieren.

Erinnern Sie sich an die ersten drei Grundregeln der Kommunikation?

1. Alles, was wir tun, ist Kommunikation.

2. Die Art, wie eine Nachricht übermittelt wird, beeinflußt stets auch den Empfang.

3. Die entscheidende Kommunikation ist nicht die gesendete, sondern die empfangene Botschaft.

Es ist wichtig, Kontrolle über die eigene Körpersprache zu gewinnen, wenn Sie wollen, daß Ihre Botschaften auf allen Kommunikationsebenen übereinstimmen. Je besser Sie Ihre Körpersprache beherrschen, desto ausdrucksvoller wird Ihre Kommunikation.

Im Englischen gibt es eine Eselsbrücke, um sich die wichtigsten Faktoren bei der Kontrolle der Körpersprache zu merken:

SO CLEAR!

Es folgen nun die einzelnen Komponenten der Körpersprache. Dabei sollten Sie bedenken, daß Körpersprache auch kulturell bedingt ist.

S steht für die Art, wie Sie sitzen oder stehen sowie für den Umgang mit dem persönlichen Raum

Jemandem direkt gegenüberzusitzen oder -zustehen bzw. sehr nahe an jemanden heranzutreten wird als Konfrontation erlebt. Es bringt die Beteiligten leicht in Abwehrstimmung.

Sitzen oder stehen Sie also eher schräg oder fast im rechten Winkel zu Ihrem Gesprächspartner. Dadurch wird Kooperationsbereitschaft signalisiert. Beide Parteien haben so einen offeneren Raum, wo sie beim Überlegen hinschauen können.

Soweit es Ihnen möglich ist, versuchen Sie, auf der gleichen Höhe wie Ihr Gesprächspartner zu sitzen oder zu stehen. Körpergröße kann dazu eingesetzt werden, um andere in Unterlegenheit zu drängen. Wenn Sie überdurchschnittlich groß sind, sollten Sie dafür sorgen, daß andere von Ihrer Körpergröße nicht eingeschüchtert werden. Wenn Sie ein bißchen auf Abstand gehen, muß sich Ihr Gesprächspartner den Hals nicht ausrenken, um Ihnen ins Gesicht zu schauen.

Achten Sie auf die Wahrung des persönlichen Raums. Wir haben alle um uns herum eine unsichtbare persönliche Zone. Wehe, wenn jemand diese Zone unbefugt betritt.

Minimaldistanz:	
bei engen Freunden oder Verwandten	bis 45 cm
bei Freunden oder engen Mitarbeitern	zwischen 45 und 80 cm
bei Mitarbeitern und Bekannten	zwischen 60 und 120 cm
bei Fremden (je nachdem, als wie freundlich Sie diese einschätzen)	etwa 150 cm

Gehen Sie bei geschäftlichen Begegnungen nur auf Armlänge heran.

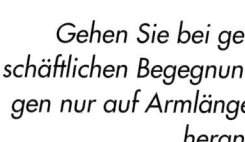

Es gibt bei der Minimaldistanz kulturelle Unterschiede, die es bei Kontakten mit Menschen aus anderen Ländern zu berücksichtigen gilt. Nordeuropäer, Nordamerikaner und Asiaten scheinen einen größeren persönlichen Raum zu beanspruchen als Südländer und Menschen aus dem mittleren Orient.

Während Körperberührung bei uns im geschäftlichen Rahmen eher selten ist, geschieht es doch manchmal: Jemand klopft einem anderen auf die Schulter oder legt ihm die Hand auf die Schulter. Zum Beispiel vermeiden aber Asiaten stärker die Körperberührung.

> Bei Kontakten mit Menschen aus einem anderen Kulturkreis, richten Sie sich nach deren Gepflogenheiten. Taktvolles Vorgehen kann Peinlichkeiten und Mißverständnisse vermeiden.

O steht für Offenheit in Gesichtsausdruck und Bewegungen

Bei dem nachfolgenden Cartoon ist der Unterschied in den nonverbalen Botschaften der beiden dargestellten Männer ganz offensichtlich.

Aus der Haltung des Mannes auf der linken Seite geht die nonverbale Botschaft hervor, daß er nicht angesprochen werden will. Er ist neuen Gedanken und Informationen gegenüber verschlossen. Er wirkt defensiv, sich abschirmend und vielleicht sogar ängstlich. Mit einer solchen Körpersprache schadet man sich selbst. Der Kommunikationsprozeß wird dadurch auch behindert.

Im Gegensatz dazu zeigt die Figur rechts eine offene Haltung und Mimik. Dieser Mann vermittelt den Eindruck von Aufnahmebereitschaft und Offenheit. Man erlebt ihn als offen für Kommunikation, für die Meinungen anderer, sogar als vertrauenswürdig. Es fällt leichter, Informationen einer aufgeschlossenen als einer verschlossenen Person zu geben.

MIT WEM WÜRDEN SIE LIEBER REDEN?

C steht für Centre (Konzentrieren) – Sie sollten Ihre Aufmerksamkeit dem anderen schenken

Wie Sie in Kapitel 16 gesehen haben, wird die Kommunikation entscheidend verbessert, wenn Sie Ihre Aufmerksamkeit auf den Sprecher konzentrieren. Dadurch wird Ihr Gesprächspartner ermuntert, gute Informationen zu geben. Andererseits wird die Fähigkeit des Zuhörers, diese Informationen aufzunehmen, eindeutig verbessert.

Je mehr Bedeutung einer Botschaft zukommt, desto wichtiger ist es, alle anderen Gedanken aus dem Bewußtsein zu verdrängen und sich völlig auf den Sprecher und das, was er sagt, zu konzentrieren. Konzentrieren Sie auch Ihren Körper, indem Sie ihn auf den Sprecher ausrichten. Dies ermuntert den Gesprächspartner ebenfalls weiterzureden und verringert die Wahrscheinlichkeit, daß Sie durch äußere Störungen abgelenkt werden.

Kurzum, machen Sie den Sprecher und sein Thema zum Mittelpunkt Ihrer Aufmerksamkeit.

L steht für Lehnen – sich nach vorne lehnen, um Aufmerksamkeit zu zeigen, aber auch, um Druck auszuüben oder zu verringern

Beim Zuhören können wir unsere Aufmerksamkeit auch dadurch signalisieren, daß wir uns dem Sprecher entgegenlehnen. Dies vermittelt Interesse und Anteilnahme am Gespräch.

Wenn wir aber beim Vorwärtslehnen einen Winkel von weniger als 75° einnehmen, wird Aufmerksamkeit zum Druck. Dadurch können Botschaften wie »Ich glaube dir nicht«, »Bekenne dich lieber dazu« oder »Du solltest lieber zustimmen« nonverbal zum Ausdruck gebracht werden. Zu starkes Sichnachvornelehnen kann das persönliche Territorium des anderen verletzen. Obwohl es uns vielleicht nicht bewußt ist, kann sich unser Gesprächspartner in die Ecke getrieben fühlen.

Wenn man sich dem Gesprächspartner etwas stärker entgegenlehnt, handelt es sich, bei feinfühliger Anwendung, um ein erlaubtes Mittel, mehr Auskünfte zu erhalten. Als konsequente Taktik eingesetzt, kann es dagegen einschüchternd, überheblich und manipulativ wirken. Das kann ganz schön schiefgehen.

Wenn Sie merken, daß Ihr Gegenüber nervös oder übermäßig emotional wird oder wenn er dabei ist, ein persönliches Problem anzusprechen, können Sie ein bißchen lockerlassen, indem Sie sich etwas zurücklehnen. In diesem Fall gilt es ebenso, feinfühlig vorzugehen. Denn wenn Sie sich zu weit zurücklehnen, dann signalisieren Sie eher Desinteresse.

E steht für »Eye Contact« (deutsch: Blickkontakt), um den anderen zu ermutigen oder um ihn unter Druck zu setzen bzw. um den Druck zu reduzieren

In westlichen Kulturen ist Blickkontakt sehr wichtig. Schließlich gelten die Augen als »Spiegel der Seele«. Eltern sagen zu Ihren Kindern »Schau mich an, wenn ich mit dir rede« und »Schau mir in die Augen, und sag das nochmals«. Oder auch: »Er konnte mir nicht mal in die Augen schauen.«

Zuwenig Blickkontakt gilt als Desinteresse oder wird auch als Verlegenheit gedeutet. Zuviel Augenkontakt wirkt dagegen einschüchternd.

Richtig dosierter Blickkontakt besagt: »Ich erzähle dir die Wahrheit, ich bin glaubwürdig.« Der Blickkontakt hält auch die Aufmerksamkeit des Zuhörers fest. Angemessener Augenkontakt von einem Zuhörer besagt: »Ich bin an dir und an dem, was du zu sagen hast, interessiert. Ich folge deinem Argument«. Dies hilft wiederum dem Sprecher, da es ihm vermittelt, daß man ihm zuhört.

Das Problem hier ist, daß »die richtige Menge« Augenkontakt in verschiedenen Kulturen unterschiedlich ist. In manchen Kulturen wird Blickkontakt als unhöflich und als Verletzung der Intimsphäre erlebt. Personen aus dem asiatischen Kulturraum fühlen sich mit weniger Augenkontakt eher wohl. Beim Zuhören schließen Asiaten sogar häufig ihre Augen. Dies bedeutet für sie höchst konzentriertes Zuhören und gilt tatsächlich als Kompliment.

Unter Berücksichtigung dieser kulturellen Unterschiede kann geringfügig verstärkter Augenkontakt (ohne den anderen anzustarren) benutzt werden, um etwas Druck auszuüben – ähnlich wie das Sichnachvornelehnen. Reduzierter Blickkontakt bedeutet umgekehrt ein Lockerlassen. Feinfühligkeit ist auch hier entscheidend.

A steht für adäquat – wie angemessen Sie auf den Sprecher reagieren

In den Kapiteln 17 und 18 beschäftigten wir uns mit dem aktiven Zuhören. Dabei haben Sie gelernt, wie wichtig es ist, das Aufgenommene zu wiederholen. Erstens, um sicher zu sein, daß Sie wirklich verstanden haben, und zweitens, um noch mehr Informationen zu bekommen. In Kapitel 19 erfuhren Sie, daß es angebracht ist, das Wesentliche an einer Antwort zu wiederholen, bevor Sie weitere Fragen stellen, um zu verhindern, daß der Eindruck eines Verhörs entsteht. Das ist adäquates Gesprächsverhalten.

Angemessene Antworten bauen auf, erweitern oder verdeutlichen das eben Gesagte. Ein solcher Austausch sorgt dafür, daß ein Gespräch in einem angenehmen, natürlichen Rhythmus von einem Punkt zum nächsten fließt.

R steht für ruhig – wie entspannt und ausgeglichen Sie in Ihrem Gesprächsverhalten sind

Manche Menschen haben die Gewohnheit, ständig herumzuzappeln, mit ihren Fingern oder einem Stift zu klopfen. Sie vermitteln einen nervösen oder unruhigen Eindruck. Andere wiederum nehmen merkwürdig verrenkte Haltungen beim Sitzen oder Stehen ein. Diese Gewohnheiten stören vielleicht die »Täter« nicht; sie können aber andere stören und die Kommunikation behindern. Solches Verhalten vermittelt nonverbale Botschaften wie Desinteresse, Langeweile und Ungeduld. Innere Unruhe, Verwirrung oder Aufregung wird durch Zappeln oder ähnliche Körperbewegungen für andere wahrnehmbar.

Ruhe und Ausgeglichenheit müssen nicht Gezwungenheit bedeuten. Bei ruhiger und entspannter Körperhaltung fühlt man sich auch bequemer. Entspannung und Ausgeglichenheit fördern die Kommunikation.
Aus Gewohnheit werden die meisten von uns einiges Fehlverhalten erworben haben. Von heute auf morgen lassen sich diese Gewohnheiten nicht alle umstellen. Bei wichtigen Verhandlungen ist es aber wesentlich, daß alle Aspekte Ihrer Körpersprache stimmen.

Je mehr Sie von dem »SO CLEAR«-Muster abweichen, desto unbehaglicher werden sich unsere Gesprächspartner im Gespräch mit uns fühlen. Die Kommunikation wird entsprechend leiden. Jede ernsthafte Bemühung zur Überprüfung Ihrer Körpersprache und zum Abstellen von störenden Gewohnheiten wird sich auszahlen. Allmählich wird das korrekte Verhalten zur unbewußten Gewohnheit – Sie werden es automatisch tun.

Lenken Sie Ihre Körpersprache – »It's SO CLEAR!«	
S	Sitzen oder stehen Sie im rechten Winkel zu Ihrem Gesprächspartner und auch auf gleicher Höhe. Respektieren Sie das Territorium anderer.
O	Benutzen Sie offene Gesten und Körpersprache.
C	(Centre) Konzentrieren Sie Ihre Aufmerksamkeit ausschließlich auf Ihr Gegenüber.
L	Lehnen Sie sich leicht nach vorne, um Ihr Interesse zu bekunden.
E	(Eye Contact) Halten Sie angemessenen Blickkontakt beim Zuhören, um den Sprecher zu ermuntern. Verstärken bzw. verringern Sie den Augenkontakt, um Druck auszuüben oder um lockerzulassen.
A	Beziehen Sie sich auf adäquate Weise auf die Äußerungen Ihres Gegenübers.
R	Bleiben Sie ruhig und gelassen, um ein offenes Gespräch zu erleichtern.

Kapitel 24
Bauen Sie Rapport durch Körpersprache auf

Wenn Sie mit jemandem »im Rapport« sind, dann haben Sie das Gefühl, daß Sie mit ihm synchron sind, sie harmonieren und sind mit ihm auf der gleichen Wellenlänge. Dadurch entstehen Gefühle der Verbundenheit und der Zuneigung. Rapport hilft, Beziehungen aufzubauen, fördert Kooperation und hilft, Ergebnisse zu erreichen.

Wenn Sie das nächste Mal in einem Restaurant oder einem ähnlichen öffentlichen Platz sind, beobachten Sie einmal die verschiedenen Paare. Welche Paare scheinen Ihnen im Rapport zu sein und welche nicht? Warum?

Wenn zwei Menschen oder eine Gruppe von mehreren Personen im Rapport sind, werden Sie bemerken, daß häufig die Körpersprache des einen von dem anderen »gespiegelt« wird. Oft werden sie eine ähnliche oder sogar die gleiche Sitzhaltung einnehmen, werden sich einander in genau dem gleichen Winkel entgegenlehnen oder ihre Beine auf ähnliche Weise übereinandergeschlagen haben.

Auch ihre Bewegungen stimmen häufig überein. Wenn der eine seine Haltung ändert, macht es der andere genauso. Greift der eine nach seinem Glas, tut es der andere ihm gleich.

Wenn Sie noch näher hinschauten, könnten Ihnen noch mehr Gemeinsamkeiten auffallen. Es könnte sein, daß die Atmung des Paares aufeinander abgestimmt ist oder ihre Stimmen in Lautstärke, Tonfall oder Tempo übereinstimmen. Wenn Sie ihrem Gespräch lauschen könnten, würden Sie vielleicht feststellen, daß sie die gleichen oder ähnliche Ausdrücke verwenden, mit ähnlicher Betonung sprechen oder die gleichen Gesten mit dem gleichen Nachdruck benutzen.

Dieses Verhalten wird als »spiegeln« bezeichnet. Spiegeln ist etwas, das wir alle automatisch und unbewußt machen, wenn wir mit jemandem im Rapport sind.

182

Spiegeln

Die meisten bemerken nicht einmal, daß sie andere spiegeln. Unterbewußt sagen sie sich aber: »Dieser Mensch ähnelt mir auf vielfache Weise; daher muß er bzw. sie in Ordnung sein.« Dies verstärkt und vertieft die gegenseitige Nähe.

Verstärken Sie den Rapport durch Spiegeln

Sie können dieses Wissen dazu einsetzen, um Rapport zu einem anderen Menschen aufzubauen. Sie können viele Aspekte des anderen spiegeln: seine Werthaltungen, seinen Werdegang, seinen Wortschatz, seinen Kleidungsstil, seine Körpersprache, seinen Atemrhythmus usw. Die Liste läßt sich beliebig fortsetzen.

Sie können die gesamte Körperhaltung eines anderen spiegeln oder nur einen Teil davon: die Haltung der oberen oder unteren Körperhälfte, den Winkel des Kopfes oder der Schultern. Sie können diese total oder nur teilweise spiegeln – Ihnen bleibt die Wahl.

Ebenso können Sie die verschiedensten Merkmale der Stimme des anderen spiegeln: Lautstärke, Sprechgeschwindigkeit, Stimmlage, Sprachrhythmus, Modulation, Betonung, Pausen. Sie können auch die Ausdrucksweise oder den Sprachstil des anderen spiegeln.

Über-Kreuz-Spiegeln

Sie könnten es auch mit dem »Über-Kreuz-Spiegeln« versuchen. Bei dieser Technik geht es darum, daß Sie die Bewegungen oder die Haltung Ihres Gegenübers spiegelbildlich wiedergeben. Wenn jemand das rechte Bein über das linke geschlagen hat, schlagen Sie das linke über das rechte. Wenn er oder sie den rechten Unterarm mit der linken Hand streichelt, machen Sie es genau umgekehrt. Sie können auch etwaige Eigentümlichkeiten eines anderen Menschen spiegeln. Sie können nicht nur die Bewegungen und Gesten spiegeln, sondern auch, wie diese ausgeführt werden – zum Beispiel die Geschwindigkeit.

Hier gilt es, differenziert vorzugehen und nicht nur jede Bewegung und Haltung des Gegenübers nachzuahmen. Rapport ist etwas, das wir beim Agieren mit einem anderen Menschen machen und empfinden – nicht etwas, das wir ihm antun.

Benutzen Sie die Technik des Spiegelns auf keinen Fall, wenn es Ihnen unnatürlich, unangebracht oder unecht vorkommen würde. Sonst wird das Spiegeln nur auf eine bedeutungslose Taktik reduziert und führt nicht zum gesteigerten Rapport.

Wenn Sie die Körpersprache eines anderen spiegeln, ist es wichtig, daß dies dem Betreffenden nicht bewußt wird. Auch hier gilt es, feinfühlig vorzugehen. Der andere darf sich nicht verhöhnt oder manipuliert vorkommen. Sie wollen doch nicht, daß der andere bei sich denkt: »Jedes Mal, wenn ich mich kratze, dann kratzt er sich auch. Jedes Mal, wenn ich mich bewege oder stöhne, dann macht er es auch.« Oder noch schlimmer: »Warum hört er nicht auf, mich nachzuäffen?«

> *Benutzen Sie die Technik des Spiegelns nur, wenn Ihnen wirklich daran liegt, Rapport zu jemandem aufzubauen und die Verständigung mit ihm zu verbessern. Tun Sie es nur, wenn Sie ihn als Mensch respektieren.*
>
> *Rapport ist sensibel. Benutzen Sie die Technik des Spiegelns auf taktvolle und unauffällige Weise.*

Führen – so kann man Rapport testen

Manchmal wird Ihnen daran liegen, in Erfahrung zu bringen, wieviel Rapport zwischen Ihnen und Ihrem Gegenüber besteht. Wenn Sie dabei sind, ein heikles Problem anzusprechen oder ein wichtiges Geschäft abzuschließen, ist es sinnvoll, erst dann zu handeln, wenn Sie wissen, daß Sie mit Ihrem Gesprächspartner in ausreichendem Rapport stehen. Sie können den Grad des Rapports durch eine Technik überprüfen, die als »Führen« bezeichnet wird. Verändern Sie Ihre Haltung, und beobachten Sie, ob der andere Ihrem Beispiel folgt. Ahmt der andere Sie nach, dann stehen Sie mit ihm im Rapport. Je eindeutiger und unmittelbarer dies erfolgt, desto intensiver wird der Rapport sein.

Um den Rapport zu testen, müssen Sie nicht unbedingt Ihre Körperhaltung verändern. Es geht auch subtiler. Sie können zum Beispiel langsamer oder schneller reden, nach einem Stift greifen und damit spielen, Ihre Schulter oder Ihr Fußgelenk kratzen, Sie können auch einen Schluck Kaffee zu sich nehmen.

Wenn Sie mit Ihrem Gesprächspartner im Rapport stehen, wird er unterbewußt merken, daß seine Körpersprache nicht mehr mit Ihrer übereinstimmt. Er wird dann, ebenfalls unterbewußt, diese Diskrepanz beseitigen wollen. Geschieht dies, können Sie versichert sein, daß es zwischen Ihnen beiden klappt und daß die Kommunikation fließt.

> *Benutzen Sie die Technik des Führens, wenn Sie den Eindruck haben, Sie stehen mit einem anderen im Rapport, und wollen dies bestätigen.*

Die Bedeutung von Rapport in der Kommunikation kann nicht oft genug betont werden. Je wichtiger ihnen ein Gespräch oder eine Verhandlung ist, desto stärker sollten Sie den Einsatz der Techniken »Spiegeln« und »Führen« in Betracht ziehen: Spiegeln, um Rapport schnell herzustellen; Führen, um dies zu bestätigen.

Kapitel 25
Achten Sie auf die Körpersprache der anderen

Wie bereits in Kapitel 20 erwähnt, können die meisten von uns Körpersprache schnell und zutreffend deuten. Manchmal ist es aber hilfreich, für bestimmte positive bzw. negative Signale empfänglich zu sein. Dann können wir die Art, wie wir unsere Botschaft vermitteln, entsprechend abstimmen, um den Kommunikationsprozeß effektiver zu gestalten.

Am Anfang werden Sie wahrscheinlich die Körpersprache der anderen ganz bewußt beobachten müssen. Mit der Zeit werden diese Aufmerksamkeit und die entsprechende Anpassung zur Gewohnheit.

Viele körperliche Signale erklären sich eigentlich von selbst: Mit dem Fuß wippen kann andeuten, daß wir ungeduldig sind und weiterkommen wollen. Wenn wir uns an die Stirn greifen, kann dies heißen: »Du bereitest mir Kopfschmerzen.« Ein schnelles Atemholen kann Überraschung oder eine plötzliche Eingebung signalisieren.

Vorsicht!

Wir müssen mit solchen Deutungen vorsichtig umgehen. Verschränkte Arme können zwar Abweisung: »Ich fühle mich von deinen Ansichten bedroht!«, signalisieren; sie können aber ebensogut bedeuten: »Mir ist kalt!« Ein klopfender Fuß könnte Ungeduld, aber auch Nervosität andeuten. Wenn sich jemand am Kopf kratzt, könnte dies auf Unsicherheit oder Verwirrung hinweisen, aber auch, daß es ihn juckt. Es gibt keine festen Regeln für die Deutung von Körpersprache, nur allgemeine Anhaltspunkte. Einzelne Körpersignale sollten nicht für sich allein gedeutet werden, sondern immer in ihrem situationsbedingten Zusammenhang.

Achten Sie auf Signalkombinationen

Körperliche Botschaften erscheinen selten einzeln, sondern in Verbindung mit anderen. Verschränkte Arme und gleichzeitiges Reiben der Oberarme mit den Händen, Einziehen der Schultern und Treten mit den Füßen lassen den sicheren Schluß zu, daß jemand friert.

Wenn jedoch jemand die Arme verschränkt, vom Sprecher wegschaut, mit der Schuhspitze klopft sowie ab und zu den Kopf schüttelt, dann deutet dies eher auf Ablehnung hin.

> Betrachten Sie Körpersprache immer im Zusammenhang, und nehmen Sie Signale nicht einzeln wahr.

Achten Sie auf Bewegungen

Alle Bewegungen, besonders aber plötzliche, können Aufschluß über die emotionale Verfassung des Betreffenden geben. Eine unerwartete Haltungsänderung kann besonders aufschlußreich sein.

Wenn jemand plötzlich beide Beine auf den Boden stellt, sich Ihnen gänzlich zuwendet und entgegenlehnt, kann es sein, daß Sie gerade etwas gesagt haben, das seine Zustimmung findet, oder daß er dazu mehr erfahren möchte. Wenn Ihnen dieses Verhalten auffällt, wäre es vorteilhaft, wenn Sie sich überlegen würden, was diese Zustimmung ausgelöst haben könnte.

Machen Sie es sich zur Gewohnheit, die Körpersprache Ihrer Gesprächspartner wahrzunehmen. Versuchen Sie herauszufinden, ob etwas, das Sie gesagt oder getan haben, bestimmte Reaktionen ausgelöst haben könnte. Stimmen Sie Ihre Kommunikation darauf ab.

Seien Sie wachsam bei negativen Körpersignalen

Die Körpersprache eines Gesprächspartners kann ein Frühwarnsignal dafür sein, daß etwas am Kommunikationsprozeß nicht stimmt. Zu den negativen Signalen gehören:

● Fußstellung, die wegzeigt.	● Schnelles Kopfschütteln.
● Wenig Blickkontakt.	● Den Hals reiben oder kratzen.
● Ohren bedecken oder reiben.	● Die Nase bedecken.
● Zappeln, mit einem Stift klopfen.	● Mit den Füßen tippen.
● Faust ballen, geschlossene Hände.	● Der Körper des anderen ist von Ihnen abgewandt.
● In die Luft schauen.	● Den Mund zuhalten.
● Angespannte Körperhaltung.	● Den Atem schnell ausstoßen.

Wenn Sie irgendwelche der oben aufgeführten negativen Körpersignale wahrnehmen, erst recht mehrere zugleich, dann nehmen Sie sich in acht. Was könnten Sie gerade gesagt oder getan haben, um Ihren Gesprächspartner zu verstimmen? Wie könnten Sie Ihr Anliegen anders vorbringen?

Wie könnten Sie dem anderen dazu verhelfen, Ihren Standpunkt zu verstehen? Welche Maßnahmen könnten Sie ergreifen, um das Gespräch wieder in die richtige Bahn zu lenken?

Nehmen Sie positive Signale wahr

Ebenso wie die Körpersprache uns vor aufkommenden Problemen warnen kann, kann sie auch Erfolg ankündigen. Zu den positiven Körpersignalen gehören:

● Bedächtig mit dem Kopf nicken.	● Fußstellung in Ihre Richtung.
● Der Körper des anderen ist Ihnen zugewandt.	● Blickkontakt, besonders mit erweiterten Pupillen.
● Das Kinn reiben.	● Entspannte Haltung.
● Offene Körperhaltung	● Nachdenkliche »Mmh«s.

189

Wenn Ihnen irgendwelche dieser positiven Signale auffallen, besonders wenn diese in Kombination auftreten, dann sorgen Sie dafür, daß Sie den positiven Augenblick halten. Überlegen Sie sich, was Sie und wie Sie es gesagt haben sowie auch Ihre Handlungen. Machen Sie so weiter.

Eine bewußte Empfänglichkeit für die Körpersprache anderer wird Ihnen helfen einzuschätzen, inwieweit Ihre Botschaften richtig ankommen oder ob Sie Ihr Ziel verfehlen. Ein geschärftes Bewußtsein für Ihren persönlichen Stil, Informationen darzubieten, wird den Erfolg Ihrer Kommunikation steigern.

Fünfter Teil
Sich schriftlich ausdrücken

Geben Sie Ihren Texten Deutlichkeit
und Überzeugungskraft

Kapitel 26
Fassen Sie sich kurz

In der Geschäftswelt ist es unentbehrlich, sich auch schriftlich fließend und verständlich auszudrücken. Sie können Ihre Schriftsprache verbessern, indem Sie sich an einige einfache, aber grundlegende Regeln halten. Vergleichen Sie Ihre Memos, Berichte und Briefe mit den Hinweisen, die in den nächsten zwei Kapiteln erläutert werden. Überarbeiten Sie einige Ihrer Texte, indem Sie sich eng an diese Richtlinien halten.

Bedenken Sie, daß Geschäftsleute immer unter Zeidruck arbeiten. Sie lesen ein Schriftstück kaum mehrmals durch, um es zu verstehen. Sie wollen es in die Hand nehmen, durchlesen, es verstehen, sofort darauf reagieren und zur nächsten Aufgabe übergehen.

Wenn Sie sich in langen, komplizierten Sätzen ausdrücken, zu viele und zu lange Wörter, ausgefallene Wörter oder Wörter aus einer Fachsprache benutzen, dann wird Ihr Text schwer zu lesen sein. Wenn Sie den Zweck Ihres Schreibens nicht klar angeben, wenn Ihre Hauptargumente nicht deutlich sind, wenn Ihre Gedanken schlecht organisiert und dazu noch optisch unattraktiv präsentiert werden, dann bereiten Sie dem Leser zusätzliche Mühe. Dadurch verringern Sie ganz erheblich die Wahrscheinlichkeit, daß Ihr Text gelesen und verstanden wird und daß er die erwünschte Aktivität auslöst.

Ihre Geschäftsschreiben sollten drei Bedingungen erfüllen:

1. Sie müssen leicht lesbar sein.

2. Sie müssen gut verständlich sein.

3. Sie müssen den Leser überzeugen.

Geschäftsbriefe, Berichte usw. gelingen, wenn Sie kurze Wörter und knappe Sätze verwenden.

Treffen Sie eine sorgfältige Wortwahl

Benutzen Sie kurze Wörter

Viele Schreiber sind der Meinung, daß lange Wörter komplexe Ideen vermitteln und kurze Wörter eher einfachere. Dadurch wird Ihr Stil jedoch geschwollen und schwierig. Es stimmt schon, daß manche kurzen Wörter auch einfachere Begriffe darstellen: »Stuhl«, »Hut«, »Tisch«. Aber es gibt auch kurze Wörter, die sehr komplexe Inhalte ausdrücken: »Tod«, »Gott«, »Ich«. Eine einfache Sprache vermittelt also nicht unbedingt ein einfaches Thema. Durch die Verwendung von kurzen Wörtern wird Ihre geschriebene Sprache nicht einfältig, sondern einfach lesbarer.

Benutzen Sie kurze, geläufige Wörter, die Ihre Gedanken zutreffend vermitteln.

Bevorzugen Sie kürzere Wörter. Wörter bis maximal zwei Silben gelten als kurz. Von dieser Regel gibt es drei Ausnahmen:

1. Eigennamen (Orts- und Personennamen):
   Großbritannien, Dezember, Donnerstag.

2. Zusammensetzungen von kürzeren Wörtern:
   Buchhalter, Tischdecke, nichtsdestoweniger.

3. Wörter, die je nach ihrer Beugungsform eine zusätzliche Silbe bekommen: des Geheimnisses.

Beachten Sie, daß Wörter, die auf »-ung« auslauten, zum Beispiel, wenn aus Verben Substantive gebildet werden, als lang gelten, wenn sie dadurch drei oder mehr Silben bekommen. Sie erschweren das Lesen, weil sie visuell länger verarbeitet werden müssen.

Dies sollten Sie aber nicht als starre Regel auslegen, denn manche kurzen Wörter sind durchaus schwierig. Wählen Sie am besten die Worte, die Ihren Lesern am geläufigsten und gleichzeitig präzise und knapp sind. Dies sind wahrscheinlich auch die Worte, die Sie in einem Gespräch verwenden würden.

Wann sind lange Wörter angebracht?

Viele langen Wörter sind im ständigen Gebrauch. Manche sollten benutzt werden, weil sie unersetzlich sind oder einfach dazugehören. Andere dagegen würden das Lesen nur erschweren.

Benutzen Sie ein vielsilbiges Wort, wenn es die einzige korrekte Bezeichnung für etwas ist oder wenn es sich um einen technischen Begriff, aber keinen Fachjargon handelt. Benutzen Sie ein langes Wort dann, wenn es tatsächlich das zutreffendste ist und genau das vermittelt, was Sie ausdrücken wollen.

Benutzen Sie ein längeres Wort auch dann, wenn Sie mehrere kürzere Wörter einsparen. Das Wort »Arbeitslosigkeit« ist platzsparend, weil dadurch mehrere kürzere Wörter – eine umständliche Umschreibung – eingespart werden: »der Zustand, bei dem jemand ohne Stelle ist«. Benutzen Sie ein längeres Wort, wenn es Ihren Lesern geläufiger sein könnte als ein kürzeres.

Greifen Sie aber nicht zu längeren Wörtern, um Ihre Leser zu beeindrukken. Die meisten vielbeschäftigten Menschen haben keine Lust, zum Wörterbuch greifen zu müssen.

Streichen Sie nicht alle langen Wörter – nur die überflüssigen. Benutzen Sie das Wort, das am besten für Ihre Botschaft zutrifft. Gebrauchen Sie prägnante und bedeutungsvolle Wörter.

Mehrsilbige Wörter, die durch kürzere ersetzt werden können			
unternehmen	tun	einwilligen	sich fügen
Ermahnung	Verweis	Verwendung	Zweck
ungefähr	etwa	wohlüberlegt	klug
demonstrieren	zeigen	konstatieren	sagen
konstruieren	bauen	funktionieren	laufen
modifizieren	ändern	Notwendigkeit	Bedarf
Obliegenheit	Pflicht	unter der Bedingung	wenn
nachträglich	später	Substitution	Ersatz
ausreichend	genug	voluminös	groß

Vermeiden Sie Fachjargon und Modewörter

Falls Sie Fachjargon oder Modewörter verwenden wollen, vergewissern Sie sich, daß Ihre Leser diese auch richtig verstehen.

Für die meisten Leser wirkt sich Fachjargon erschwerend auf die Lesbarkeit aus. Das gleiche gilt für Modewörter bzw. Anglizismen. Nicht jeder versteht sie.

Verwenden Sie kurze Sätze

Viele Menschen setzen Umfang mit Bedeutung gleich. Wenn sie etwas schreiben, blähen sie es auf mit blumigen Phrasen, Füllwörtern, aufwendigen Satzkonstruktionen, Wiederholungen und Relativierungen. Überlange Sätze ermüden jedoch den Leser und sorgen dafür, daß er den Faden verliert. Sie verhindern, daß Ihre Botschaft gelesen, verstanden und in die Tat umgesetzt wird.

Kurze Sätze dagegen gliedern unsere Gedanken. Sie helfen uns, jeden Punkt zu betonen, und helfen dem Leser, jeden Gedanken zu begreifen.

Zielen Sie auf eine durchschnittliche Satzlänge von maximal 18 Wörtern. Verwenden Sie zur Auflockerung auch kurze Sätze von unter zehn Wörtern.

Kurze Sätze machen Ihren Stil nicht simpler, sondern lesbarer und verständlicher. Sie erhöhen die Wahrscheinlichkeit, daß Ihr Text das Gewünschte bewirkt.

Zum Glück ist es recht leicht, überlange Sätze auf eine passende Länge zu kürzen. Es gibt drei Möglichkeiten: Streichen Sie überflüssige Wörter. Beseitigen Sie zusammengesetzte Bandwurmsätze, indem Sie Bindewörter streichen und neue Punkte einsetzen. Verringern Sie die Kompliziertheit, indem Sie einschränkende Floskeln wie »aber«, »mit Ausnahme von«, »unter der Bedingung« usw. streichen. Machen Sie aus einem besser zwei Sätze.

Streichen Sie unnötige Floskeln

Viele überflüssige Floskeln schleichen sich in Geschäftsschreiben ein. Dies sind Wörter, die der Leser zusätzlich schlucken muß. Dadurch werden Ihre Sätze über Gebühr lang und schwierig. Wie viele der folgenden Phrasen kommen Ihnen bekannt vor?

Überflüssige Wendung	Ersatz
nachdem wir fertiggestellt haben	dann
davon ausgehend, daß	wenn
behilflich sein	helfen
zu einem Ende führen	beenden
während dieser Zeit	während
aufgrund der Tatsache, daß	weil
mit Ausnahme von	meistens
zu dem Zweck	um zu
aus dem Grund	weil
der Tatsache ins Gesicht sehen	akzeptieren
um zu bewerkstelligen, daß	um zu
im Falle, daß	wenn
in nächster Nähe zu	nahe
an erster Stelle	erstens
die Bekanntschaft machen	kennenlernen
nicht häufig vorkommend	selten
mit dem einzigen Unterschied, daß	außer
es gibt nicht viele, die	wenige
im Rahmen des Möglichen	möglich

Vermeiden Sie komplizierte Satzkonstruktionen

Reduzieren Sie die Komplexität Ihrer Sätze. Ihr Stil wird so leichter lesbar und effektiver.

Versuchen Sie, Binde-
wörter wie »und«,
die dazu dienen,
zwei Sätze zusammen-
zufügen, zu streichen.
Ersetzen Sie solche
Wörter am besten
durch einen Punkt.

Trennen Sie überlange Sätze

Häufig setzen wir zwei Sätze zu einem zusammen, obwohl eigentlich jeder Satz nur einen Gedanken enthalten sollte. Er sollte ein Subjekt und ein Verb aufweisen.

Vermeiden Sie doppelt gemoppelte Ausdrücke

Unnötige Wortwiederholungen werden als Redundanz bezeichnet. Sie sind so selbstverständlich, daß uns oft nicht bewußt ist, daß wir uns nur wiederholen und nichts Neues mitteilen.

kalt gefroren	weißer Schimmel	scharf geschliffen
schwarzer Rabe	ganz und gar	neu renoviert
dazuaddieren	steile Felswand	schwere Verwüstungen

Redundanz macht Ihre Sätze nur unnötig lang und erschwert die Lesbarkeit. Stellen Sie die feststehenden Wendungen, die Sie beim Schreiben einsetzen, in Frage, besonders, wenn es sich dabei um sehr abgedroschene handelt. Wenn ein Wort keine zusätzliche Information hinzufügt, streichen Sie es.

In den folgenden Beispielen läßt sich viel streichen:

- Diese Dienstleistung ist rund um die Uhr 24 Stunden für Sie immer abrufbereit.
- ... um mit eigenen Augen persönlich zu besichtigen ...
- Dieses Angebot, das nur an einzelne ausgewählte Führungskräfte ergeht, bietet Ihnen 70 verschiedene Produkte in fünf verschiedenen Bundesländern und bleibt volle sechs Monate lang gültig.
- Der Zweck dieses Briefes besteht darin, eine Erklärung anzubieten, wie wir zu unserem Beschluß gekommen sind.
- Diese Gespräche sollten ihrem Wesen nach unterstützend wirken.
- Unsere Geschäftsbeziehungen expandieren in weitere, zusätzliche Gebiete ...

Schreiben Sie keine unendlichen Geschichten

Es gibt einen Unterschied zwischen notwendigen, differenzierenden Ausführungen und langatmigen, weitschweifigen Gedanken. Zu letzterem kommt es, da unser Gehirn, noch während wir schreiben, schon die nächsten Gedanken erzeugt. Ehe wir uns versehen, haben wir einen überlangen, weitausholenden Satz geschrieben.

Sie schreiben zum Beispiel: »Dieses Problem ist uns seit langem bewußt.« Das ist schon ein kompletter Satz. Während Sie dies aber schreiben, denkt Ihr Gehirn weiter und erzeugt zusätzliche Informationen, die Sie dem Satz hinzufügen: »... und wir haben es bei mehreren Gelegenheiten schon besprochen und leider vergeblich abzustellen versucht, aber ich möchte jetzt vorschlagen ...«

Versuchen Sie Wörter wie »weil«, »daher«, »deshalb«, »obwohl« und »somit« zu streichen. Ersetzen Sie diese durch einen Punkt, und bilden Sie dadurch kürzere vollständige Sätze.

ER VERSUCHTE SEINE WEITSCHWEIFIGE EINTRAGUNG ZU LESEN, FAND ABER KEINE PAUSE, UM ATEM ZU SCHÖPFEN, UND WURDE OHNMÄCHTIG!

Benutzen Sie immer wieder kürzere Sätze, um Ihre Texte aufzulockern

Wenn sie kürzere Sätze einschieben (maximal zehn Wörter), wird dies die durchschnittliche Länge Ihrer Sätze wesentlich reduzieren. Dies trägt dazu bei, daß Ihr Stil wirklich lesbar wird. Ihre Texte werden an Lebendigkeit und Energie gewinnen sowie interessanter und überzeugender wirken.

Die Komplexität Ihres Themas können Sie nicht beinflussen, wohl aber den Schwierigkeitsgrad, in dem Sie darüber schreiben. Sie können bestimmen, wie prägnant und lesbar Ihr Stil wirkt: Verwenden Sie kurze Wörter und knappe Sätze. Dadurch wird auch ein komplexes Thema leicht verständlich.

Kapitel 27
Gestalten Sie Ihre Texte überzeugend und leichtverständlich

Machen Sie alles, um Ihre schriftlichen Botschaften leserfreundlich zu gestalten, damit sie zum Handeln anregen. In diesem Kapitel werden wir uns mit weiteren Möglichkeiten beschäftigen, wie sich die Lesbarkeit und die Überzeugungskraft Ihrer schriftlichen Mitteilungen steigern läßt.

Grammatik

Grammatik ist überaus wichtig. Für Geschäftsschreiben scheint zu gelten: »Wenn der Mensch schreiben muß, zieht er sich seine Sonntagskleidung an!« Unsere Texte sollten grammatikalisch korrekt sein.

Wenn Sie mit Ihren Grammatikkenntnissen unzufrieden sind, könnten Sie ein Lernprogramm starten. Besorgen Sie sich eine gute deutsche Grammatik. Achten Sie außerdem auf die Sprache von Menschen, die die Sprache wirklich beherrschen. Merken Sie sich, wie diese ihre Sätze konstruieren und Verben einsetzen. Noch ein Tip: Lesen Sie anspruchsvolle Bücher.

Bis Sie ganz sicher mit der Schriftsprache umgehen können, bitten Sie jemanden, Ihre Texte durchzusehen.

Bringen Sie Ordnung in Ihr Material

Konstruieren Sie ein Netzdiagramm. Ein Netzdiagramm ist ein einfaches, aber wirkungsvolles Hilfsmittel, um Informationen und Gedanken zu ordnen. Es wird Ihnen auch helfen, Auslassungen, Wiederholungen und Nebensächlichkeiten zu vermeiden. Und es wird Sie auf Informationen aufmerksam machen, die noch fehlen. Sie können Ihr Netzdiagramm in folgenden Schritten herstellen:

Schritt 1: Schreiben Sie Ihr Thema mitten in das Blatt und kreisen Sie es ein.

Schritt 2: Notieren Sie den Zweck Ihres Schreibens. Ohne einen klaren Zweck vor Ihren Augen wird es nahezu unmöglich sein, Ihre Gedanken schriftlich zusammenzufassen. Einige häufige Ziele von Texten im Berufsleben sind:

analysieren	interpretieren	erklären
besprechen	vorschlagen	vorstellen
bitten	empfehlen	rekapitulieren
bedanken	bestätigen	umreißen

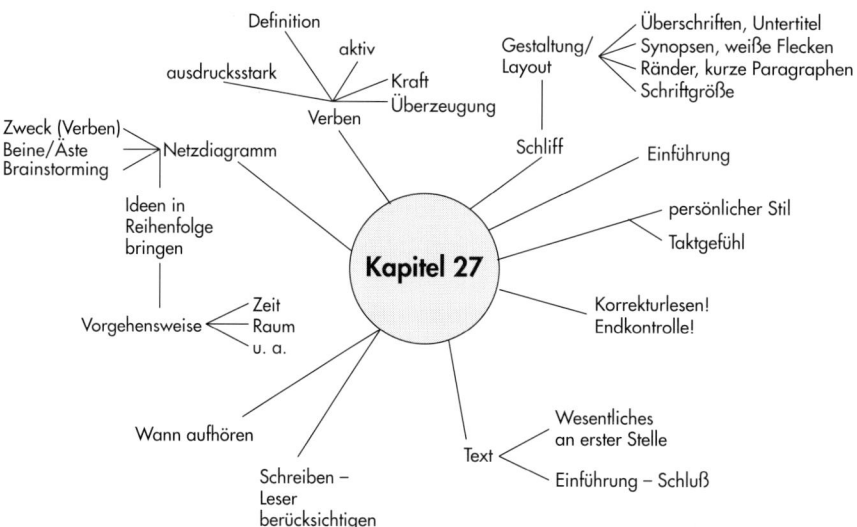

Wenn Ihnen Ihr Ziel (oder mehrere Ziele) wirklich bewußt ist, werden Sie Ihre Informationen und Ideen jetzt in die richtige Reihenfolge bringen können. Falls Sie an einem Text arbeiten, der mehrere längere Abschnitte enthalten soll, könnten Sie ein solches Diagramm für jeden Abschnitt herstellen. Jeder Abschnitt verfolgt dann auch ein eigenes Ziel.

Schritt 3:   Machen Sie ein Brainstorming, und notieren Sie alle Informationen, die Sie in Ihrem Text möglicherweise verwenden könnten. Wo es angebracht ist, benutzen Sie dabei ein Verb plus Substantiv. Verben bezeichnen Handlungen: Sie erinnern Sie daran, was es noch zu tun gibt. Zum Beispiel ist »Fragen stellen« eindeutiger als nur das Stichwort »Fragen«.

Wenn sich mehrere Untergedanken aus Ihren Hauptgedanken ergeben, dann fügen Sie diese Abzweigungen hinzu.

Schritt 4:   Schauen Sie sich Ihr Netzdiagramm genau an. Wollen Sie wirklich alles für Ihren Text verwenden? Streichen Sie nun alles, was Ihnen überflüssig oder doppelt vorkommt.

Schritt 5:   Welche Informationen und Daten müssen Sie noch beschaffen, überprüfen oder vertiefen? Heben Sie diese durch Unterstreichung oder einen Marker hervor.

Fällt Ihnen noch etwas ein? Fügen Sie es jetzt hinzu.

In welcher Reihenfolge wollen Sie Ihre Gedanken präsentieren? Sobald Sie ein Netzdiagramm aufgebaut haben, wird es Ihnen leichtfallen, Ihre Informationen auf logische und zweckmäßige Weise zu gliedern und einzuordnen.

Schritt 6:   Versehen Sie jeden Ast Ihres Netzdiagrammes mit einer Nummer, um die Reihenfolge zu kennzeichnen. Überlegen Sie, wie Sie Ihre Leser schrittweise durch Ihren Text führen können. Dies kann auf verschiedene Weise erfolgen:

---

*Gestalten Sie Ihre Geschäftsschreiben so prägnant wie möglich – je knapper, desto besser. Denken Sie an das »FKK-Prinzip«: **F**assen Sie sich **k**urz und **k**lar.*

Zeit	Chronologisch Vergangenheit → Gegenwart → Zukunft
Raum	Geographisch Mittelpunkt → Umgebung
Kausalität	Tatsachen → Ursachen → Auswirkungen
Prozeß	Logischer Ablauf z.B.: Rohstoffe → Herstellungsprozeß → Fertigprodukt
Prinzip	Theorie → Praxis
Problem	Zustand → Lösungen Z.B.: Übergewicht → eine Diät machen, für mehr Bewegung sorgen, größere Kleidung kaufen usw.
Vergleich/ Kontrast	Z.B. zwischen Schauspiel und Pantomime, skizzieren und malen, effizient vs. effektiv, dringend vs. wichtig
Reihenfolge	Absteigende Reihenfolge: von größer bis kleiner oder aufsteigende Reihenfolge: von kleiner bis größer
Empfehlungen	Tatsachen → Schlußfolgerung → Empfehlungen Diese Argumentationsweise eignet sich für Leser, die Details mögen. Schlußfolgerung → Empfehlungen → Tatsachen Eignet sich für Leser, die sich nicht so gerne mit Details beschäftigen. Empfehlungen → Schlußfolgerung → Tatsachen Diese Variante ist sehr ausgefallen. Sie erregt sofort die Aufmerksamkeit des Lesers, weil sie die Logik darstellt, bevor sie die Empfehlung anbietet. Sie können sie dann einsetzen, wenn Sie meinen, Ihre Leser werden Ihre Empfehlungen kritisch beurteilen. Vorteile → Konzept oder Empfehlung → Erklärung Eignet sich für Leser, die Sie überzeugen möchten.

Welche Vorgehensweise funktioniert am besten? Sie sind alle nützlich. Ihre Ideen sollten so aufeinander aufbauen, daß sie deutlich und überzeugend wirken.

Wieviel ist genug?

Was ist der Zweck Ihres Briefes, Berichtes oder Ihrer Notiz? Sobald Sie die notwendigen Informationen angeführt haben, um Ihr Ziel erreichen zu können, ist es Zeit, aufzuhören.

Fragen zur Selbstkontrolle

- Soll ich sowohl die Argumente als auch die Details angeben?
- Soll ich auf die Logik eingehen, die hinter meinem Vorschlag steckt?
- Sind Informationen dabei, die überflüssig oder redundant sind?
- Habe ich alles angeführt, das für mein Ziel relevant ist?
- Werden auch die Bedürfnisse meiner Leser berücksichtigt?
- Wäre mehr oder weniger Tiefe (Hintergrundinformation) angebracht?

Geben Sie beim Schreiben alle notwendigen Informationen an und kein Quentchen mehr. Dadurch wird Ihr Stil prägnant.

Jetzt wird geschrieben!

Ihr Ziel steht klar und deutlich vor Ihnen. Sie wissen, was Sie anführen müssen und in welchem Umfang bzw. in welcher Reihenfolge. Sie haben die relevanten Informationen gesammelt. Jetzt können Sie mit dem eigentlichen Schreiben anfangen.

Denken Sie immer an Ihre Leser

Versuchen Sie, Ihre Zielgruppe soweit wie möglich zu identifizieren. Gestalten Sie Ihren Text den Lesern entsprechend.

Hier sind einige Punkte, die Sie dabei beachten sollten:

- Über welche Hintergrundinformationen verfügen Ihre Leser schon, und wieviel werden Sie dazuliefern müssen?
- Wieviel Verständnis bringen Ihre Leser für das Thema auf?
- Wie stehen Ihre Leser zum Thema?
- Wie stehen Ihre Leser zu Ihnen?
- Wie ist Ihre Beziehung zu Ihren Lesern?
- Welchen Kommunikationsstil bevorzugen Ihre Leser? Sind sie eher auf Förmlichkeit oder eher auf Lockerheit eingestellt?
- Welche Art von Informationsvermittlung wird Ihnen am ehesten helfen, Ihre Ziele durchzusetzen? Überlegen Sie sich, ob Ihre Leser eher auf technische bzw. statistische Daten oder vielleicht nur auf allgemeine Angaben oder sogar auf eine Darstellung in Erzählform eingestellt sind. Sollten Sie Kosten-Nutzen-Rechnungen, Beispiele oder Zitate aus der Fachliteratur beifügen? Paßt Ihr Text in die Unternehmenspolitik? Diese und ähnliche Bedenken gilt es beim Schreiben zu berücksichtigen (siehe auch Kapitel 15).

Der Text

Die Gliederung, die Sie aufgrund Ihres Netzdiagramms entwickelt haben, bildet das Gerüst für Ihren Text.

Stellen Sie das Wesentliche voran

Der Blick fällt automatisch auf den Anfang eines Abschnitts. Dort sollten Sie also Ihre wichtigsten Informationen anbringen. Wenn Sie mehrere kurze Absätze bilden, wird Ihr Text entsprechend mehr »Blickfänge« bekommen.

Eine zweite Möglichkeit, Ihre wesentlichen Punkte an vorderste Stelle zu setzen, besteht darin, sie im Hauptsatz und nicht im Nebensatz unterzubringen. Wichtiges gehört an den Anfang eines Satzes, nicht nach Wörtern wie »wenn«, »während«, »weil«, »obwohl«, »daher« oder »ob«.

Setzen Sie kurze Absätze ein, um Ihren Text visuell aufzulockern und um entsprechend mehr »Blickfänge« zu bekommen.

207

Ihr Text braucht eine Einleitung und einen Schluß

Jetzt versehen Sie Ihren Text mit einer Einleitung und einem Schluß.

Einleitung:
Kündigen Sie an, was Sie mitteilen werden.

Haupttext:
Sagen Sie es Ihren Lesern.

Schluß:
Sagen Sie, was Sie gesagt haben.

Die Einleitung erfüllt zwei Aufgaben. Zuerst sollte sie das Interesse des Lesers wecken. Zweitens informiert die Einleitung den Leser darüber, was er nach der Lektüre entweder wissen oder tun sollte.

Die Einleitung hilft also Ihren Lesern. Sie wissen dann, worauf sie beim Lesen achten sollen. Der Leser beginnt zu ahnen, welche Handlung von ihm nach dem Lesen erwartet wird. Der Schluß faßt dies nochmals zusammen und bestätigt es.

Einleitungen und Schlüsse können auch bei sehr kurzen Briefen und Notizen vorteilhaft wirken, auch wenn sie dann nur ein oder zwei Sätze ausmachen.

Verfassen Sie eine klare, deutliche Einleitung. Skizzieren Sie Ihr Thema in einem oder zwei Sätzen. Dann geben Sie den Zweck Ihres Schreibens an, oder weisen Sie schon auf die Handlung hin, die Sie vom Leser erwarten. In Ihrem Schluß resümieren Sie kurz Ihre Hauptargumente und deuten die nötigen Schritte an.

Schreiben Sie überzeugend

Überzeugendes Schreiben ist im Geschäftsleben wichtig. Schließlich schreiben wir Geschäftsbriefe, Berichte oder Memos nicht nur zum Spaß. Wir schreiben sie, weil wir wollen, daß der Empfänger etwas erfahren, verstehen oder tun soll.

Die Kraft beim Schreiben liegt in den Verben. Benutzen Sie ausdrucksstarke Verben, und zwar im Aktiv. Dadurch wirkt Ihr Argument überzeugender.

Benutzen Sie ausdrucksstarke Verben

Starke Verben erzeugen klare Bilder in den Köpfen der Leser. Sie verleihen Ihrem Stil Ausdrucksstärke und Überzeugungskraft, weil sie den Gedankengang anderer beeinflussen können. Was Sie schreiben, wird prägnanter und interessanter wirken, wenn Sie ausdrucksstarke Verben einsetzen.

Wählen Sie Verben, die eine konkrete Handlung beschreiben.

Ausdrucksstarke Verben beschreiben konkrete Handlungen. Ausdrucksschwache Verben sind meistens Beugungsformen von sein: bin, sind, war, waren, sind gewesen usw.

Benutzen Sie viele ausdrucksstarke, konkrete Verben, die ein gedankliches Bild erzeugen.

Ausdrucksschwache Verben	Ausdrucksstarke Verben
wir gingen, ... um zu besuchen	wir besuchten
ich befinde mich im Einklang mit	ich stimme zu
wir können ... empfehlen	wir raten Ihnen
ich werde Ihnen ... schicken	ich sende Ihnen
wir werden uns mit Ihnen in Verbindung setzen	wir rufen Sie an

Benutzen Sie Verben im Aktiv

Gestalten Sie Ihre schriftliche Kommunikation überzeugender, indem Sie das Passiv vermeiden.

Passiv	Aktiv
Vom Komitee wurde beschlossen, daß ...	Das Komitee beschloß, daß ...
Die Untersuchung wurde von uns durchgeführt ...	Wir untersuchten ...
Anfragen wurden von uns gestellt	Wir fragten an
Ihre Anteilnahme wird geschätzt	Wir schätzten Ihre Anteilnahme
Es wurde entschieden ...	Wir haben entschieden ...

Geben Sie Ihren Texten den letzten Schliff, um den Bedürfnissen Ihrer Leser entgegenzukommen

Gestalten Sie Ihre Texte leserfreundlich

Halten Sie Ihre Absätze kurz. Lassen Sie beim Schreiben großzügig Platz dazwischen. Halten Sie die Ränder zu beiden Seiten sowie oben und unten breit. Wählen Sie eine große Schrifttype – mindestens 12 Punkt.

Sicher kennen Sie Briefe, Berichte oder Zeitschriftenbeiträge, die aus einem einzigen Wortdschungel zu bestehen scheinen? Sie werden sich sicher an Ihre Reaktion erinnern: »Ach, nein, muß ich das alles wirklich lesen?« So reagieren die meisten Menschen auf ein Schriftstück, das nur aus einer Ansammlung von Wörtern zu bestehen scheint.

Sie können die »Ach-nein-Reaktion« vermeiden, indem Sie kurze Wörter, knappe Sätze und kurze Absätze einsetzen. Sie können Ihre Texte so gestalten, daß sie optisch ansprechend wirken.

Leerräume sind die Lösung. Dadurch wirken die Texte gefälliger. Ihr Schriftgut so zu gestalten nimmt keine Zeit in Anspruch, macht es aber viel ansprechender.

Benutzen Sie Überschriften

Überschriften zu Ihren Absätzen sorgen für noch mehr weiße Flächen auf dem Blatt, kündigen Themen an und helfen dem Leser, sich zu orientieren.

Bieten Sie Ihrem Leser eine Zusammenfassung

Zusammenfassungen sind nützliche Hilfen und gehören zu vielen geschäftlichen Texten, nicht nur zu Artikeln in Fachzeitschriften. Auch ein einseitiges Memo kann eine Zusammenfassung enthalten, zum Beispiel in Form eines treffenden, erklärenden Untertitels.

Längere Berichte können eine einseitige Zusammenfassung vertragen, in der die Hauptpunkte und die wesentlichen Schlußfolgerungen prägnant festgehalten werden. Dadurch können potentielle Leser schon vorweg erfahren, ob sie den Text lesen bzw. in welcher Tiefe oder ob sie ihn überhaupt lesen sollten.

Formulieren Sie persönlich

Wenn es angebracht ist, verwenden Sie die Pronomina »ich«, »Sie« oder »wir«. Durch persönliche Pronomina sprechen Sie Ihre Leser an. Ihr Schreiben wird direkter, klarer und überzeugender. Persönliche Pronomina machen Ihren Stil menschlicher und lesbarer. Sie verhindern auch, daß ein knapper Stil unpersönlich wirkt.

Die Räder der Wirtschaft werden von Menschen in Bewegung gehalten. Und Geschäftsschreiben werden von Menschen für andere Menschen verfaßt. Genieren Sie sich also nicht, Personen in Ihren Texten zu erwähnen oder anzusprechen.

> *Stellen Sie sich Geschäftsschreiben wie gesprochenes Deutsch mit sauberer Grammatik vor. Sprechen Sie Ihre Leser persönlich an.*

Schreiben Sie taktvoll

Geschäftsschreiben sollten keine Werturteile enthalten. Erwähnen Sie Tatsachen auf neutrale und objektive Weise. Überlassen Sie es Ihren Lesern, ihre eigenen Schlüsse zu ziehen. Wenn Sie Ihre Meinung äußern wollen, geben Sie diese als solche klar zu erkennen. Versuchen Sie nicht, diese als Tatsache zu verkleiden. Sie sollten auch ein Gespür dafür entwickeln, was zu einem gegebenen Zeitpunkt angebracht ist. Versetzen Sie sich in die Lage des Lesers, bevor Sie ein Memo oder einen Brief abschicken. Versuchen Sie, die Sachlage auch aus seiner Perspektive zu sehen.

Vergessen Sie die Endkontrolle nicht

Überprüfen Sie sorgfältig alles, was Sie geschrieben haben. Lesen Sie es genau durch, und lesen Sie es laut vor. Achten Sie darauf, daß die Grammatik stimmt und Ihre Meinung deutlich zum Ausdruck kommt.

Dann lesen Sie es nochmals laut vor. Ergibt es einen Sinn? Werden es Ihre Leser verstehen? Sind alle relevanten Informationen vorhanden? Gibt es etwas Überflüssiges, das Sie streichen könnten? – Die Zeit für die Endkontrolle ist gut investiert. Dadurch werden Sie sicherstellen, daß Ihr Schreiben leicht lesbar und gut verständlich sein wird und daß es die gewünschten Ergebnisse erzielt.

W BELTZ WEITERBILDUNG

Theo Gehm
Kommunikation im Beruf
Hintergründe, Hilfen, Strategien.
228 Seiten. Broschiert.
ISBN 3-407-36312-5

»Theo Gehm versteht es, psychologische Theorien einfach und spannend darzustellen. Der Leser erhält auf diese Weise viel Hintergrundwissen und eine Reihe praktischer Anleitungen zur Gestaltung seiner eigenen Kommunikation im Beruf.« *Personalwirtschaft*

»Theo Gehms Publikation ist gleichzeitig Ratgeber und Lehrbuch. (...) Der Band ist klar strukturiert und in kurze, auch einzeln konsultierbare Abschnitte unterteilt, die zusätzlich vertiefende Übungen anbieten. Das stark auf die Praxis ausgerichtete Buch kann allen Berufsleuten helfen, ihr kommunikatives Verhalten zu verbessern und ihre Gespräche bewußter zu führen.«
Der kleine Bund

Aus dem Inhalt:
Dissonanz und ihre Folgen; Zielorientierte Gesprächsvorbereitung; Kommunikationstechniken; Frageformen und ihr gezielter Einsatz; Öffnende Gesprächsführung und aktives Zuhören.

Sigmar Saul
Führen durch Kommunikation
Gespräche mit Mitarbeiterinnen und Mitarbeitern.
126 Seiten. Broschiert.
ISBN 3-407-36307-9

»Dieses Buch liefert die Grundlage für eine optimale Gesprächsführung.« *VDBUM-Information*

»Das Buch ist zudem leicht lesbar, anregend und problemorientiert.«
*Prof. Ulrich Gonschorrek,
Der Verwaltungswirt*

»Ein interessantes und informatives Buch (...), das keineswegs nur Führungskräften, sondern auch deren Gesprächspartnern dringend zu empfehlen ist.«
Bonner Generalanzeiger

»Am Ende steht auf jeden Fall der Gewinn. An Erkenntnis, Meinung und Wissen.« *Texten und Schreiben*

Aus dem Inhalt:
Die zwei Hauptfunktionen des Mitarbeitergesprächs; Grundlagen mitarbeiterorientierter Gesprächsführung; Lenken des Mitarbeitergesprächs; Spezielle Techniken der Gesprächsführung; Empfehlungen für das Selbststudium.

Ulrich Lipp / Hermann Will
Das große Workshop-Buch
Konzeption, Inszenierung und Moderation von Klausuren, Besprechungen und Seminaren.
299 Seiten. Gebunden.
ISBN 3-407-36321-4

Workshops und Klausuren sind spezielle Arbeitstreffen. Sie sind aber nur dann erfolgreich, wenn Arbeitstechniken und Dramaturgie stimmen. Die Autoren öffnen in diesem Buch ihren gut gefüllten Werkzeugkasten des Moderatorenhandwerks – entstanden und bewährt in vielen Praxiseinsätzen. Nicht nur Workshops, sondern auch Besprechungen, Tagungen und Seminare werden dadurch lebendiger und effektiver.

Aus dem Inhalt:
Workshop-»Philosophie«; Ablaufpläne von Workshops; Diskussionsformen in Workshops; Kartenabfrage, Zuruflisten, Blitzlicht, Mind-Mapping; Bewerten und Entscheiden; Arbeit in Kleingruppen; Visualisieren und Dokumentieren; Umsetzung anschieben; Krisenmanagement; Workshop-Exoten.

Paul Gamber
Ideen finden, Probleme lösen
Methoden, Tips und Übungen für einzelne und Gruppen
172 Seiten. Broschiert.
ISBN 3-407-36323-0

Die Veränderungen in der Arbeitswelt und die zunehmende Verbreitung von Teamarbeit bringen es mit sich, daß immer mehr Menschen an der Lösung von komplexen Problemen in ihrem Arbeitsbereich aktiv mitwirken müssen.
In diesem Buch wird gezeigt, wie Probleme gezielt erkannt und Schritt für Schritt gelöst werden können. Oft ist die systematische Bearbeitung von Problemen schon der erste Schritt zur Lösung. Bewährte Methoden und Techniken werden ausführlich erläutert und der Prozeß des Problemlösens in fünf Schritten besonders praxisnah behandelt: Definieren, Ideen finden, Auswählen, Neudefinieren, Anwenden (D.I.A.N.A.). Dazu Tips, wie Problemlösungen erfolgreich präsentiert werden können.

Aus dem Inhalt:
Was ist kreatives Problemlösen?
»Denkblockaden« überwinden; Kreatives Arbeiten in der Gruppe; D.I.A.N.A. – fünf Schritte des Problemlösens.

Beltz Verlag · Postfach 100154 · 69441 Weinheim

B0073

W BELTZ WEITERBILDUNG

Martin Hartmann
Rüdiger Funk
Horst Nietmann
Präsentieren
Präsentationen: Zielgerichtet
und adressatenorientiert.
189 Seiten. Gebunden.
ISBN 3-407-36319-2

»Wer eine ›Dramaturgie der Prä-
sentation‹ sucht, wird hier fündig!
In der Verschränkung von Ziel,
Inhalt und Methode ist dieses Buch
Spitzenklasse, immer wieder mit
Gewinn zu Rate zu ziehen.«
Wolfgang Beywl, Contraste

»Ein empfehlenswertes Buch
für alle, die ihre Präsentation verbessern wollen.«
Betriebliches Vorschlagswesen

»Das Buch ist erfreulich verständlich und systematisch aufbereitet.«
Themenzentrierte Interaktion

Aus dem Inhalt:
Vorbereitung der Präsentation;
Aufbau und Durchführung der Prä-
sentation; Fragen und Diskussion;
Visualisierung und Einsatz von
Medien; Lampenfieber; Rhetorik,
Mimik, Gestik und Üben;
Gestaltung optimaler Rahmen-
bedingungen für eine Präsentation;
Checkliste.

Susanne Motamedi
Rede und Vortrag
Sorgfältig vorbereiten, stilistisch
ausarbeiten, erfolgreich durchführen.
132 Seiten. Broschiert.
ISBN 3-407-36310-9

»Susanne Motamedi verbindet
die Erkenntnisse der wissenschaft-
lichen Rhetorik mit den praktischen
Anforderungen von Beruf und
Alltag. Ihre Ratschläge sind zugleich
fundiert, verständlich und korrekt.«
Vorarlberger Lehrerzeitung

»Ob Fachvortrag, Meinungs- oder
Gelegenheitsrede, das Buch ist
ein zuverlässiger Helfer in allen
Sprechsituationen.«
Jugend-Beruf-Gesellschaft

Aus dem Inhalt:
Über die Rhetorik; Aufbau von
Rede und Vortrag; Ausarbeitung
und stilistische Ausgestaltung;
Verständlichkeit; Redefiguren;
Atmung, Stimme und Aussprache;
Körpersprache; Lampenfieber;
Kurzstatements; Gelegenheitsrede;
Sachvortrag; Nachbereitung.

Hermann Will
Mini-Handbuch
Vortrag und Präsentation
Für Ihren nächsten Auftritt
vor Publikum.
68 Seiten. Broschiert.
ISBN 3-407-36314-1

»An einen guten Vortrag erinnert
man sich nicht immer, einen
schlechten aber vergißt man nie!«
Darum lohnt sich das Vorbereiten
auf den nächsten Auftritt vor
Publikum.

»Jeder der vorträgt, sollte zumindest dieses Minihandbuch einmal
gelesen haben, es lohnt sich.«
Deutsche Apotheker Zeitung

»Die Texte sind knapp und
prägnant formuliert. Damit eignet
es sich ganz besonders als Nachschlagewerk für Teilnehmer von
Präsentationstechnik-Seminaren
oder Rhetorikkursen. Es ist aber
auch ideal als schnelle Auffrischung
für alle diejenigen, die nicht ständig
Vorträge halten müssen.«
Windmühle

Aus dem Inhalt:
Ziele; Zuhörer- und Situations-
analyse; Nutzenorientierung; Der
rote Faden; Anschaulichkeit und
Medieneinsatz.

Gabriele Stöger
Besser im Team
Stärken erkennen und nutzen
142 Seiten. Gebunden.
ISBN 3-407-36327-3

Damit Teams wirklich effektiv
zusammen arbeiten, müssen sich
die Teammitglieder optimal aufeinander einstellen können. Die
unterschiedlichen Persönlichkeiten
der einzelnen müssen mit ihren
spezifischen Stärken voll zur Ent-
faltung kommen.
Teamleader können über die an-
gebotene Persönlichkeitstypologie
ihre Teammitglieder sowie auch
künftige Bewerber treffsicher
einschätzen. Dies hilft ihnen die
Ressourcen der Mitarbeiter zu
nutzen, indem sie wissen, wen
welche Aufgabe anspricht. So können sie auch die Teamatmosphäre
positiv beeinflussen.

Aus dem Inhalt:
Woher kommt Ihr Ärger; Lernen
Sie sich kennen; Fragebogen zur
Analyse Ihres Persönlichkeitstyps;
Die Persönlichkeitstypen; Lernen
Sie Ihr Team kennen; Fallbeispiele.

Beltz Verlag · Postfach 100154 · 69441 Weinheim

B0074

Bernd Weidenmann
**Erfolgreiche Kurse und
Seminare**
Professionelles Lernen mit
Erwachsenen.
224 Seiten. Broschiert.
ISBN 3-407-36322-2

Erwachsene Lerner sind anspruchs-
voll. Sie wünschen sich lebendige,
effektive, praxisnahe Kurse und
Seminare. So werden Seminarleiter
in der Erwachsenenbildung heute
mehr gefordert als je zuvor. Sie
müssen in vielerlei Hinsicht mit
hoher Professionalität arbeiten
● als Experte zum Thema
● als Arrangeur von Lern-
situationen
● als Coach
● als Teamentwickler
● als Krisenmanager
● als Gestalter der Seminarkultur
Der renommierte Lernpsychologe
und erfahrene Trainer Bernd
Weidenmann stellt vor, worauf es
ankommt.

»Ein Buch, das Seminare entscheidend verbessern helfen kann.«
Training aktuell

Aus dem Inhalt:
Die Lernarbeit; Die wichtigsten
Methoden und Medien; Den
Prozeß gestalten.

Karlheinz A. Geißler
Anfangssituationen
Was man tun und besser
lassen sollte.
179 Seiten. Broschiert.
ISBN 3-407-36303-0

»Auch wenn Sie die Anfänge Ihrer
Seminare immer ohne mulmiges
Gefühl souverän und überlegen
meistern, keine Probleme mit
Dauerrednern und Schweigern
haben, Zuspätkommende problem-
los integrieren und schon genügend
Spiele für schwungvolle Anfänge
kennen – werden Sie dieses unter-
haltsam geschriebene Buch mit
seinen humorvollen Zitaten wahrscheinlich mit Vergnügen lesen ...«
*villa bossaNova,
Lebendige Seminarmethoden*

Aus dem Inhalt:
Die Soziodynamik von Anfangssituationen; Die Angst des Dozenten vor und in Anfangssituationen;
Redner und Schweiger; Ist es sinnvoll, das Kennenlernen spielerisch
zu gestalten? Regeln zur Orientierung der Teilnehmer; Beispiele
von Anfangssituationen.

Karlheinz A. Geißler
Lernprozesse steuern
Übergänge: Zwischen
Willkommen und Abschied.
215 Seiten. Broschiert.
ISBN 3-407-36320-6

Wie kann man gut und erfolgreich
den Lernalltag steuern? Diese
Frage stellen sich in zunehmendem
Maße Trainerinnen, Dozenten,
Referentinnen und Seminarleiter.
Die Akzeptanz von Führung
muß heute durch anspruchsvolle
Gestaltungs- und Steuerungsarbeit
erreicht werden. Dieses Buch zeigt,
wie man diesen Ansprüchen
gerecht werden kann.

»Ein Buch wie die bekannte Schoko-
lade: quadratisch, praktisch, gut.«
Jürgen Kleindick, das forum

»Ein Buch über Schulung, bei
der was rauskommt ... in äußerst
kompetenter, sehr unterhaltsamer
und stark aufgelockerter Form
geschrieben.«
Personal Potential

Aus dem Inhalt:
Lehr-/Lernprozesse steuern und
gestalten; Schwierige Situationen;
Übergänge; Die Gruppe und ihre
Dynamik.

Karlheinz A. Geißler
Schlußsituationen
Die Suche nach dem guten Ende.
156 Seiten. Broschiert.
ISBN 3-407-36304-4

»Die Lektüre dieses Buches macht
Spaß. (...) Das Buch kann jedem
empfohlen werden, der Bildungs-
veranstaltungen durchführen und
zu einem guten Ende bringen will.«
*Günter Pätzold, Die berufsbildende
Schule*

»Das Muster eines Buches, aus
dem man gern lernt, was man auch
auf diese Weise lernen kann.«
Kunst + Unterricht

»Ein empfehlenswertes, weil
hilfreiches und handhabbares
Buch (...).«
Organisationsentwicklung

Aus dem Inhalt:
Die Auflösung der Zusammenarbeit; Rituale der Trennung;
Prüfungen: Das Macht-volle Ende;
Das Finale verlangt nach Gestaltung; Auswertung in Schlußsituationen; Transfer; Übergänge
gestalten.

Beltz Verlag · Postfach 100154 · 69441 Weinheim

B0075

Jörg Knoll
Kurs- und Seminarmethoden
Ein Trainingsbuch zur Gestaltung
von Kursen und Seminaren,
Arbeits- und Gesprächskreisen.
202 Seiten. Broschiert.
ISBN 3-407-36301-X

»Dieses Buch erklärt fundiert und
anschaulich vor dem Hintergrund
ganz konkreter Beispiele aus der
Praxis, welche Kriterien man bei
der Auswahl seiner Methoden
beachten sollte, um die Gruppe
optimal motivieren und aktivieren
zu können.« *villa bossaNova,*
Lebendige Seminarmethoden

»Ein vergleichbar solide gemachtes,
praxisnahes und ansprechendes
Methodenbuch ist mir nicht
bekannt.« *Hans-Joachim Petsch,*
Unser Auftrag

Aus dem Inhalt:
Methoden in der Anwendung;
Einflüsse bei der Auswahl und
Durchführung von Methoden;
Einzelne Methoden (Sandwich-
Methode, Motorinspektion,
Fallarbeit, Metapher-Meditation,
Phantasiereise u.a.m.).

Gudrun F. Wallenwein
Spiele: Der Punkt auf dem i
Kreative Übungen
zum Lernen mit Spaß.
252 Seiten. Broschiert.
ISBN 3-407-36318-4

Auswahl von Spielen und Übungen,
die in Trainings, Kursen und
Seminaren zielgerichtet eingesetzt
werden können.

»Gut geeignet ist dieses Buch für
alle, die ein Nachschlagewerk zur
abwechslungsreicheren und leben-
digeren Gestaltung ihrer Seminare
suchen und sich von den kreativen
Ideen der Autorin anregen lassen
wollen. (...) eine gelungene Zusam-
menstellung für alle, die bereit sind,
mit etwas Kreativität das Lernen
mit dem Spaß zu verbinden.«
Handbuch für Personalentwicklung
und Training

Aus dem Inhalt:
Der Seminarbeginn; Spiele in und
nach der Pause; Spiele am Ende
eines Seminartages; Konzentrations-
spiele; Lernspiele; Kommunikations-
spiele; Kreativspiele; Entspannung;
Mit Musik geht alles besser.

Jörg Knoll
Kleingruppenmethoden
Effektive Gruppenarbeit in Kursen,
Seminaren, Trainings und Tagungen.
144 Seiten. Broschiert.
ISBN 3-407-36309-5

»Dieses Buch versteht sich als
Praxishilfe und folgt dem Grund-
satz, daß Kleingruppen ein höchst
wirksames Instrument der Arbeit
sind, sofern es präzise eingesetzt
wird.« *TRAINING aktuell*

»Das Buch ist sehr benutzerfreund-
lich aufgebaut, bietet viele Beispiele
und optische Auflockerungen (...)
und verdient meines Erachtens
das Prädikat ›besonders praxis-
orientiert‹.« *Werner Lenz,*
Erwachsenenbildung in Österreich

»Durch dieses Buch wird Ihre
Kleingruppenarbeit zielgerichteter.«
villa bossaNova,
Lebendige Seminarmethoden

Aus dem Inhalt:
Einsatzbereiche von Gruppenarbeit
(Eröffnung, Vertiefung, Abschluß
von Arbeitsphasen); Entwicklung
und Formulierung von Arbeitsauf-
trägen; Varianten und Techniken;
Übergänge von Gruppenarbeit zum
Plenum.

Friedemann Schulz von Thun
Praxisberatung in Gruppen
Erlebnisaktivierende Methoden
mit 20 Fallbeispielen zum Selbst-
training für Trainerinnen und
Trainer, Supervisoren und Coachs.
216 Seiten. Broschiert.
ISBN 3-407-36325-7

Trainingskurse bleiben oft folgenlos,
wenn ein Verhalten eingeübt wird,
das unter Schulungsgesichts-
punkten günstig erscheint, aber der
jeweiligen Person nicht entspricht
und in der Praxis schnell untergeht.
Diesem »Transferproblem« kann
aussichtsreich begegnet werden,
wenn im Seminar die wirkliche
Person mit ihrem echten Praxisan-
liegen zum Zuge kommt. Aber wie?
Dieses Buch gibt eine grundlegende
Einführung in die erlebnisaktivierende Praxisberatung. Anhand von
zwanzig Beispielen aus der Seminar-
praxis werden die gewählten Vor-
gehensweisen ausführlich erläutert
und so der Leser nach und nach in
die Prinzipien, Hintergründe und
Methoden erlebnisaktivierender
Arbeit eingeführt.

Aus dem Inhalt:
Kontexte erlebnisaktiverender
Praxisberatung; Grundtypen erlebnisaktivierender Fallarbeit; Fallbeispiele zum Selbsttraining.

Beltz Verlag · Postfach 100154 · 69441 Weinheim